# バザールカフェ

## ばらばらだけど共に生きる場をつくる

狭間明日実　佐々木結　松浦千恵
野村裕美　マーサ メンセンディーク　白波瀬達也　著

学芸出版社

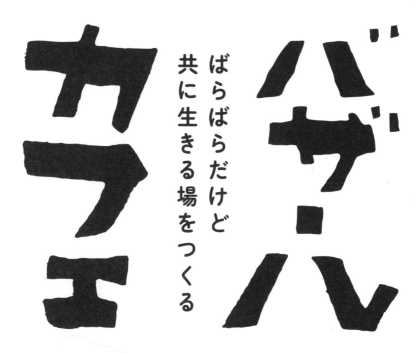

# はじめに

バザールカフェは25年もの間、実に多くの人が関わり、多くの人に愛されてきた場所である。バザールカフェが意味のある実践をしていることを私たちはそれなりに認識してきたし、大学や教会などの場で、またニュースレター、ＳＮＳを通して活動を紹介してきてはいる。これまでに新聞や本などでバザールカフェの取組みが紹介されることもあった。それでもやはり、バザールカフェは相変わらずよくわからない存在であり続けているように感じている。そろそろバザールカフェの実践をしっかり言語化してもっと広く世に伝える時だろう。そう思うようになったきっかけを与えたのが厚生労働科学研究費補助金を受けて実施したＨＩＶ陽性者支援に関する聞き取り調査だった。バザールカフェの立ち上げから今日に至る過程に関わってきた様々な関係者へのインタビューを通じて、この場所で多くの人が出会い、交流し、様々な取組みを進めてきたことが見えてきた。その歴史と併せて今の実践者たちの言葉でバザールカフェがどういう場所なのか、何をしているのかをまとめたい。バザールカフェをひとことで表現することはむずかしい。それでも20余年にわたって多様な人を尊重する場づくりと創造的な実践の姿とその意義を伝えたいと願い、本書を出版するに至った。

この本は『バザールカフェ　ばらばらだけど共に生きる場をつくる』と名付けられた。バザールカフェは多様な人たちがありのままでいられる場であり、個人として尊重され、互いの属性を超えて人と人がつながる場という意味を込めている。社会には様々な壁があるけれど、バザールカフェではその壁を超えて自分とは異なった背景や立場の人と出会える。人には様々な違いがあるけれど、共に生きていけることをバザールカフェでは実感する。そして人は誰もが生きていくために時には支えが必要ということも事実で、そんな支えたり・支えられたりする場がバザールカフェなのではないか。バザールカフェの本質をシンプルな表現で表すタイトルに辿り着いた。

本書の内容と執筆者を簡単に紹介しよう。1章ではバザールカフェがどのような場所なのかを全般的に紹介している。カフェの日常と空間の特徴、そしてバザールカフェという名前が表す意味にも触れている。この章を担当した狭間明日実はバザールカフェのスタッフであり、社会福祉士だ。バザールではボランティアコーディネーターや地域とのネットワークづくり、イベント企画、ニュースレター編集などを担当していることから、バザールカフェに行き来する人を良く知り、バザールカフェの顔とも言える存在だ。2章はバザールカフェに関わる「人」に焦点を当てている。この章を担当する佐々木結は大学院生であり、学生ボランティアからバザールカフェに「巻き込まれ」、現在はバザールカフェの活動委員という立場でもある。多くの時間をバザールカフェで過ごし、スタッフやボランティアに信頼されている。この章で紹介する一人ひとりにインタビューを行った。3章でバザールカフェのスタッフで精神保健福祉士の松浦千恵はバザールカフェで行われているケアの部分、つまり「バザールカフェ『ならではの』ソーシャルワーク」について自身の体験やエピソードを通して伝えている。一般的なソーシャル

住宅街に佇む、緑豊かなバザールカフェの入り口

バザールカフェのランチ。日替わりの多国籍メニューのほかに定番メニューも

国籍、年齢、性別…さまざまなものを超えて、あの人やこの人と交流する

ワークの限界を超える実践の姿をリアルに表している。4章では社会福祉学者の野村裕美がバザールカフェのソーシャルワーク実践を学術的な理論に結びつけて考察している。バザールカフェの実践の特徴を学問的に位置付けながら、その意義を明確に示している。バザールカフェの実践をよく理解している医療ソーシャルワークの専門家として力強い評価となっている。5章はバザールカフェが学びの場でもあること、そしてキリスト教とのつながりがあることについて私（マーサメンセンディーク）が担当した。私はバザールカフェの立ち上げから運営委員として関わり、大学の教員で宣教師という立場もあり、バザールカフェの国境を超える教会組織のパイプ役を担っている。最後に6章ではバザールカフェがどのようにして生まれたのかについて、社会学者の白波瀬達也がまとめている。バザールカフェの生みの親の榎本てる子について、立ち上げの頃のエイズ・アクティビズムとアーティストとのコラボレーション、そしてバザールカフェの理念について解説している。榎本てる子の実践と90年代のＨＩＶ／エイズ支援やアーティストの取組みの歴史を綴っており、興味深い内容となっている。

以上からわかるように、本書の執筆者は多様な顔ぶれであり、社会課題に取り組む実践家、まちづくり関係者、コミュニティカフェに関心のある人、教会関係者、そして大学教員や学生といった幅広い読者が興味をもてる内容ではないかと思っている。

バザールカフェについて多くの人からこんな評価を頂くことがある。それは、「帰って来る場所」であること。しばらく離れていても戻ったらバザールカフェでは覚えていてくれて「久しぶり！」「お帰り！」と迎えてくれることが嬉しいと。学生時代に関わった人、あるいは客としてよくご飯を食べに来ていた人でも、卒業して京都を離れ、しばらく経って母校を訪ねる時に、「そうだ、バザールカフェに行こう」とふらっと立ち寄ってくれる。ホームカミングの場所がどこよりもバザールカフェだという。学生ばかりではなく、バザールカフェで一定期間関わった人が久しぶりにまた訪れたいと思ってくれる。海外に住んでいる人にもバザールカフェのファンが結構いる。地域を超えたバザールカフェのコミュニティがあって、その人たちが私たちの財産であり、希望でもあると思う。つまり、人と人の出会いや再会、そしてつながることは喜びでもあり、希望を与えてくれるのではないか。

「ひとりでみる夢はただの夢、みんなで見る夢は現実になる」というジョン・レノンの言葉を榎本てる子はよく口にしていたことを思いだす。その頃の私たちは、このバザールカフェが25年も続くとは夢にも思っていなかった。バザールカフェはまさに多くの人が関わったことで実現でき、多くの人の協力で継続できた実践の場である。その実践はいったい何なのか。それは「支え、支えられる」、「愛し、愛される」場所と人のつながりなのではないか。

孤独や孤立などの問題が深刻な今の社会では益々そのような場所や実践が必要とされている。そしてそういった実践に共感する仲間が増えたら夢はさらに膨らむ。バザールカフェのストーリーが読者に少しでも希望とインスピレーションを与えることを願っている。

マーサ メンセンディーク

さまざまな人が集い、つくる、年に1度のおまつり「バザールフィエスタ」

築80年のヴォーリズ建築の店内

すこし変わったバザールカフェの食券「サンガイ飯券」（詳しくはp20）

混沌の中にある、温かい人とのつながり

# 目次

1
章

# カフェの日常を支える土台

狭間 明日実

# 木々に囲まれたカフェにある、かすかな違和感

## 控えめな門構えの先に

朝9時半、バザールカフェ（以下「バザール」と記述することがある）に着くと、店長の麗華さんとボランティアのげんちゃんがすでに開店準備を始めていた。つづいて事務局の松浦、シェフのションプーさんが来る。ションプーさんはピースフルな雰囲気の持ち主だ。タイ東北部の出身で、２００３年からバザールカフェで働いており、現在は週2回日替わり料理をつくっている。松浦といつものように慌ただしく運営の打合せをしていると、だんだんとキッチンからいい匂いがしてきて気をとられる。今日の日替わりメニューはションプーさんのつくる「カオマンガイ」だ。

住宅街の奥でひっそりと営業しているので、初めての人には少し入りづらい店構えかもしれない。だが木製の門をくぐり路地奥に15ｍほど進めば、藤棚から日が差す気持ちのよいテラスに木造のカフェ建物、大きく開けた１５０坪超の青々とした前庭には木製の小屋も佇む。ハッサク、ビワ、キンカン、野

イチゴといった実のなる木々や、モクレン、タイザンボク、フジ、スイセン、ツツジなど季節の花木が生い茂る。京都市上京区、地下鉄今出川駅からたった徒歩3分とは思えない「隠れ家」的な空間だ。

11時半の開店と同時に、そろそろと常連さんたちがやってきた。彼らのお目当てはションプーさんがつくる木曜日の日替わりランチだ。12時をまわる頃には、店内の14席とテラスの16席がお客さんで満席になった。

ランチはロコモコやサンドイッチといった定番メニューもあるが、人気は先述した800円の日替わり料理。タイ料理「ガパオライス」、フィリピン料理「イエローカレー」、韓国料理「キムチチゲ」など、その国の出身あるいはルーツをもつシェフたちが、日替わりで庶民に親しまれる「家庭料理」をつくる。そのほか、カフェメニューとして長らく定番なのは、かつてこの建物に住んでいたキリスト教宣教師から伝わる「クレイジーチョコレートケーキ」だ。

今日はとくに忙しく、カフェの近所に引っ越してきたという親子、ご近所でギャラリーを運営する人や近くの区役所に勤める常連さん、すぐそばの同志社大学で社会福祉を教える先生や初めて見かける大学生らしい2人組と、いろんな人が訪れた。

## もれ聞こえてくる会話

私は2024年3月まで、バザールカフェの事務局として主に広報やイベント企画をしてきた。2012年頃に社会福祉を学んでいた大学生時代、空き時間があると「好きなだけ居させてくれる場」としてバザールを利用していた。運営に関わるようになったのは2014年、実習授業の一環で毎週土曜日に1年間バザールに通ったのがきっかけだ。現在はボランティアとして週1～2日ほど店に出て、カフェの運営を手伝っている。

14時前、カフェが落ち着き、まかないを食べながら一息ついていると、耳を澄まさなくても、隣の席やあちこちで交わされる会話の一部がなんとなく聞こえてくる。

平日 14 時ごろの店内

タイ料理「カオソーイガイ」（ココナッツのカレーラーメン）

調理するスタッフたち

キッチンの方から「布巾のアイロンかけてくれてありがとう！最近元気？」と始まるボランティア同士の会話。

客席ではスタッフとボランティアが、

「今週の『リラックスシェアリング』、お茶をたてるみたいですよ」

「来月の『オープンアトリエ』は庭でアイヌの踊りやるよ！一緒に踊ろうよ」

と、今後開催されるイベントやプログラムの話で盛り上がっている。

そうかと思えば「店長、預けてた抗酒剤ちょうだい、飲むわ」と、レジカウンターに立つ麗華さんにボランティアのげんちゃんが話しかけている。

初めて訪れた人は、あちこちで飛び交う耳慣れない単語にちょっとした違和感を持つかもしれない。

店の一角に置いてあるリーフレットや広報誌に目をやると、「ボランティア」「教会」「ＨＩＶ」「多言語医療通訳」「ギャンブル依存症」「断酒会」「芸術大学」「学習支援」などの文言が並ぶ。そこでようやく、どうやらここはカフェのようであってそれだけでもないらしい、と気づくことになる。

# 雑然さが「隙」をつくる

## 自由な空気をつくる人たち

カフェというからには、「お客さん」あってのカフェだ。日常の一部としてランチを食べに来る近所の人はもちろん、顔なじみのスタッフに会いにふらっとコーヒーを飲みに来る人もいる。でもそれだけではない。庭やテラス、店内、カフェのあちこちに、いわゆる「お客さん」だけでなく、お客さんのようでいて時にスタッフのようにふるまう人や、お客さんでもスタッフでもなさそうな、正体不明の人の気配がある。

庭のハッサクの木に吊るしたハンモックに揺られている若者は、食事をするでもなくボーっとしている。庭の最奥にあるユズの木の下で、何やら工具を持って黙々と作業しているおじさんもいる。雨上がり、子どもとどろんこで遊ぶ人と、どろんこにさせまいとする人と、その様子を黙って見守る人がいる。彼らがカフェのスタッフなのかお客さんなのか、どういう人たちなのか、一見してもよくわからない。

こうした、一般のカフェにはあまり見られないあいまいな立場を象徴するのが、「ボランティア」としてこの場に関わる人たちの存在だ。彼ら抜きにバザールカフェを語ることはできない。カフェ運営において、その多くはボランティアが担い、様々な知恵や提案を出し合い実践している。現場で日常的な業務に携わるのがシェフを含めた15名ほどの無償・有償ボランティアと3人の事務局だ。

ボランティアは、週に一度1時間だけ来る人もいれば、ほぼ毎日朝から夕方まで来る人もいる。彼らが、いわゆる「スタッフ」と「そうじゃない人」の間にある線引きを揺るがし、境目をぼんやりさせることで、誰もが出入り自由で幅のある関わりができる雰囲気をつくり出している。

まかないを食べ終わると、ボランティアのひとりから「なんかやることある?」と声がかかったので、

サンガイ飯券

「サンガイ飯券をつくろう！」ということになった。

サンガイ飯券とは、２０２０年６月から独自に始めた「サンガイ飯《はん》」という取組みで使う食券のことだ。「サンガイ」はネパール語で「共に」の意味。日替わりメニューと同じ８００円のサンガイ飯券を誰かが買ってレジ前のボードに貼っておくと、後に訪れる誰もが、そのサンガイ飯券を使って食事ができる。新型コロナウイルス感染拡大下で、バザールに出入りする学生からバイトを切られたとか、親の収入減で学費の捻出が心配といった声を聞き、今できることをやってみようと生まれた仕組みだ。

サンガイ飯は押しつけがましくなく、施しでもなく、気持ちいい感じがある。お客さんの提案で４００円の「サンガイ半分券」も生まれた。買う人と使う人が食事の半額ずつを出し合うイメージだ。２０２３年７月時点で４５０枚以上が使われた。サ

庭に生える枇杷の葉を摘むボランティア

ンガイ飯券は、手が空く時間にいろんなボランティアの人とつくっている。カード大の厚紙に手づくりの消しゴムハンコを好きなように押していく。券を買う人、料理する人、食べる人が、なんとなく相手の存在を感じるくらいの距離感で成り立っているのがいいなと思う。

## あちこちで関わりが生まれる庭

そうこうしていると、NPO法人・京都ダルクから4人の入寮者とスタッフのさぁちゃんが、庭のお手入れをしにやって来た。

京都ダルクとは、違法薬物（覚醒剤・大麻など）に限らず、向精神薬（精神安定剤・睡眠薬など）、市販薬（風邪薬・鎮痛剤など）、アルコールなどの薬物から解放されるための支援活動と社会復帰を目指すNPO法人で、Drug（薬物）・Addiction（嗜癖・依存）・Rehabilitation（回復）・Center（施設）の頭文字を組み合わせて「DARC：ダルク」と読む。

2006年から共同で「お庭プログラム」をおこなってきた彼らも、バザールカフェには欠かせないボランティアメンバーだ。毎週1回午後の1時間、カフェの庭の手入れや畑のお世話をしにやってきて、私も一緒に作業をする。今日は春の種まきに向けて、庭の一角にある畑を耕した。1坪ほどの畑はなかなか大収穫とはいかないが、いのちが育つ喜びを与えてくれるし、ローズマリーやミントなど生い茂るハーブは、お茶や料理に活躍する。

庭の一角に佇む手づくりの木製小屋「カレンハウス」は、タイの少数民族カレン族から名前をとっている。教会のプロジェクトが建ててから長年大切に手入れされ、プロジェクトが閉じた現在も同志社大学の学習支援サークルやクローズドのミーティング、「オープンアトリエ」など人々が集い交流し、カフェを「母屋」とするならカレンハウスは「離れ」のような存在となっている。

雑然とした庭からは、こうして連綿と携わってきた人たちの気配とおおらかさを感じる。美意識も腕もこだわりもばらばらな人たちに手入れされ使われてきた庭は、ゆったりと変化する生きもののようだ。

京都ダルクのメンバーと共に作業をするのは私だけではない。炎天下に地面の草取りをしたらボランティアのおじいさんが冷たいお茶をいれてくれる。暖炉にくべる薪を割っていると、カフェの中から見ていた大学生がやってみたいと言う。子どもがいれば、作業の手を休めて庭で一緒にサッカーをする。庭を介して、カフェ内外の人がゆるやかにつながっていく。

さぁちゃんが私にたずねる。「最近リョウくん（京都ダルクの退寮者）バザール来てる?」「3週間ぐらい前来て、ごはん食べてキッチン手伝っていってくれた。リョウくんキャベツの千切りめっちゃ上手やねんよ」。さぁちゃんは「そうかーよかったなあ」と呟いた。リョウくんのように、過去にボランティアとして関わっていた人がふらっとカフェを訪ねてきたり、誰かが誰かを覚えていたり気にかけていたり、ゆるやかなつながりが持続することも少なくない。

## 底流に息づくコンセプト

バザールのボランティアには、京都ダルクのメンバー以外にも、なんらかの依存がある人やセクシュアルマイノリティ、外国人など、様々な背景をもつ人がいる。ほかにも社会福祉を学ぶ大学生や教員、常連さんなど多様なボランティアがこの場で交わる。3章でも詳しく紹介するが、社会的なバリアが多い人、あるいは今を生きるのがやっとという状況に置かれた人も少なくない。とはいえ、その人がどんな人でどんな状態であろうと「ボランティア」だ。

京都ダルクの面々は、庭の手入れをしてもらうだけでなく、個人的な悩みを相談しあったりする、私やバザールの大切な仲間である。また看護師や教員でありながら、その専門性や職能をあえて強調せ

広い庭で思い思いに過ごす人たち

ず「ただのおばさん」ふうに紛れているボランティアもいる。人によっては、日頃多くの社会的な支援を受け〝支えられる〟ことの多い自分が、誰かを〝支える〟側にまわる「ボランティア」という立場に、居場所ややりがいを見つけて通っていたりする。反対に普段〝支える〟ことが多い人が、ここで他愛のない話をして荷を下ろしたりもしている。

麗華さんをはじめスタッフやボランティア同士は、互いの経歴や所属を知っていたとしても、結局その人の性格や癖などにこそ救われたり痛い目にあったりするから、その都度調整しながら関係をつくっていく。誰かの緊急時には、別の誰かがスタッフであろうがなかろうが、個別にサポート対応することもある。

カフェの運営を通して、人が出会い交流し、社会参加の機会が少ない人たちとも自立した個人として一緒に働く。それぞれの価値観が尊重され、社会の中で共に生きる存在であることが相互に確認される場を目指す。1998年の創立当初から変わらないこうしたバザールカフェのコンセプトをつくり、立ち上げの中心となったのが、牧師であり関西学院大学神学部の准教授だった榎本てる子だ。彼女は人のことを「あんた」とか「お前」とか呼んでいた。豪快で強引な印象でありながら、人のふるまいや内面の機微を感じ取る繊細な眼と心を持っているような人だった。

庭の草取りをする私（左）

私が榎本てる子と出会ったのは、冒頭にも書いた大学の実習授業だった。バザールに近い同志社大学に入学したものの、高校時代まで友人の少なかった私は大学でもなんとなく居どころを見つけられず、多くの時間をひとりで過ごした。学外に癒しや学びのフィールドを求め、アルバイトをしては旅行ばかりしている学生だった。

就活も始めていない大学4年の時、所属ゼミの指導教員だったマーサ メンセンディークのすすめで、バザールで1年間実習する授業を選択した。実習のアドバイザーだった榎本てる子とは毎週土曜日の10時から21時、共にカフェで過ごしながらいろいろな話をした。真剣に話を聞いてくれたと感じる初めての大人だった。

榎本てる子をはじめたくさんの味わい深い人たちと出会い、日々価値観を揺り動かされた。バザールカフェで働き始めて知ったのは、多くの人がその人なりの痛みや葛藤を持って生きているということだ。そして自分もまた、痛みや葛藤を持ったままでも肯定される体験に救われたのだった。

ある日、「あんたの卒業後の道、決まったで。バザールで働けるで」と榎本てる子に告げられた。卒業の1カ月半前、福祉施設に内定していたときだったが、私は迷わずその提案に乗った。それから3年後の2018年、55歳で彼女が天に召されるまで共に働いた。彼女がいなくなった現在も、変わらずバザールカフェにいる。

# いろんな顔をもつ市場

## 「バザール」は五感を使う「市場」

バザールカフェという名前の発案は創立メンバーの小山田徹だ。この場所らしくて実にしっくりくる。

「バザール＝市場《いちば》」という言葉から私が思い出すのは、２０１3年に訪れたインドで、行く先々のまちで出会った市場の風景だ。女性が髪に飾るジャスミンの花の香りが漂ってきたかと思うと、次の瞬間には土と生魚とガソリンが混ざったような匂いと熱気に包まれる。人々の話し声と、バイクのクラクションの音。見たことのない果物をかじる。前に立つ人のサリーの赤と、店先に積まれたトマトの赤が重なって綺麗だと思った。現代の日本のまちに立ち並ぶ大手スーパーマーケットの姿とは異なり、そのまちならではの活気や熱気に満ちあふれている。音も匂いも目に映るものも、なんだか雑多で整っていない。だからこそか外国人である自分がそれほど目立っている気もしない。

市場は、その土地の人々がつくってきた。暑い地でも寒い地でも、人々が集まって路上に品物を置き売り買いがなされた。そこでは商品とお金を交換するだけでなく、人々が話しながら売り買いをして情報交換することで、たくさんの文化や人間関係が育っていったはずだ。バザールカフェも市場と同様、食という生活の延長線上に人と交わることの価値を肌で感じられる場所なのだと思う。

## それぞれが表現できる土壌

カフェは境界があいまいだ。席につけばその席が個別の空間になるが、かといって壁で隔たれているわけではない。冒頭に書いたようにいろんな会話がなんとなく耳に入ってくる環境は、半分プライベートかつ半分ひらかれた空間ともいえる。偶然居合わせた人たちがガッツリと出会うこともあれば、わからないぐらい無意識に作用しあっているこ

バザールフィエスタの様子

ともある。

庭にもカフェ以上に自由な居どころがある。共有空間でありながら、一人ひとりがのびのびと行動し表現できる場所だ。誰かがこの道具はこっちに置いたほうがいいと思ったら置き、場所を移動することができる。誰かが手づくり品を売ってみたいと思ったら、月に一度マーケットを開くこともできる。

貸し会場や食事付きのパーティーなども受け付けていて、このロケーションを利用して勉強会や市民団体の理事会、忘年会、結婚パーティー、庭を使ってのマルシェなども開催されている。不定期だがバザールカフェ主催で研修会やイベントも年に数回行っていて、2005年からは毎年秋に「バザールフィエスタ」という祭りも続けている。20前後の出店者が庭にブースを構え、店内ステージでは歌

はっさくの木

や演奏が披露される。普段は奥の厨房で黙々と料理をつくるシェフたちが、その日は自分で店をオーガナイズし、手伝う人や訪れる人とコミュニケーションすることを目的に始まった。徐々にカフェ内外の人も出店するようになり、最近では２００名前後の人が訪れている。

見たことがないものに触れる、知らない人と話してみる、ときに巻き込まれ、顔なじみになっていく。そのようなことが矢印どおり順番にという訳ではなく、点々と染み入るように起こり、少しずつ「自分の場所」になっていく。

植物が芽を出し実をつけたときに喜ばれるように、わかりやすい成果や即効性のある効果が評価されることの多い社会のなかで、繰り返しの営みや地道に耕される土壌が生む価値は見えにくい。バザールカフェという土壌は、カフェ運営をとおして日々耕されている。思いついたことをすぐに試してみたり、反対に時間をかけて役割や自信を取り戻したり、実をつけなくても大切にされる経験をしながら、異なるものに対して意識がひらかれていく。だから発見やひらめきがある、また出会いたくなる、この場に来たくなるのだろうと思う。

# しなやかに形を変えていくネットワーク

## 違いが多彩なケアを生む

16時にカフェ営業を終えると、閉店作業に入る前にスタッフ3〜4人でお茶を飲みながら一息つく。10年以上いるスタッフも、2回目のボランティアも、好きな場所に座って平場で話し、運営の改善点だけでなく、その日あったこと、気づいたこと、最近気になっていることなどを共有する。

たとえば、実習生に「彼氏いるんか？」と聞くボランティアに対して「そんなん聞いたらアカンと思うで」と横から言ったけど余計やったかな？とか、「今日は1日機嫌よくいられた」「すごいやん」とか、雑談のような話こそ大切にしている。こうした時間は利用客やスタッフそれぞれが安心できる場をつくるために必要なケアであり、互いの役割の再確認やエンパワメントにもなっている。

困難な状態でカフェを訪れる人の中にはほかに頼れる人がおらず、麗華さんや社会福祉士/精神保健福祉士である松浦の助けを求めてやってくる場合も少なくない。とはいえ、そのサインはとくに専門性のないボランティアが察知することも多い。たとえば、頻繁に来ていたボランティアがしばらく姿を見せないなぁと別のボランティアが呟くと、それを聞いた麗華さんが本人に連絡してみる。状況次第では松浦が適切と思われる社会的支援につなぐ。といった具合に、ひとりへのサポートや支援はほとんどが連係プレーで行われている。加えて、自助ミーティングや支援者のネットワークづくりを目的としたプログラムも定期的におこなっており、それぞれの関係者をやんわりとつなぐのは多数のボランティアだ。一人ひとり、視点や感覚が違うからこそ、ケアも多彩でグラデーションになっている。しなやかで強調しすぎないケアと支援の網の目が、この場には何重にも張られている。

## 展開する関わりと支え

バザールカフェはこのように、毎日現場にいる麗華さん、週1〜2日いる事務局スタッフ、定期/不定期に訪れるボランティアと、ゆるやかに関わる人同士がネットワーキングして成り立っている。こうした仕組みを支えてきた組織が活動委員会だ。活動委員は現在（2024年5月時点）6人。月に一度のペースで委員会を開き、事務局スタッフ3人と現場の状況を共有し検討事項などを話し合う。本書の執筆者であるマーサと佐々木は活動委員、松浦は事務局スタッフである。

そしてカフェの外にも、「連携・協働」する関係者がたくさんいる。たとえば、出所者支援を考えるプログラムを共催する「しゃばカフェ」実行メンバー、実習元となる複数の大学、イベントに出店や運営で関わる個人や福祉事業所、カフェを訪れた人の相談について相談にのってくれる専門知識をもった弁護士や保護観察官など、様々である。また、私たちが情報や人との出会いを求めて研修会や講演へ出向くこともしばしばある。資源が行き来するうちに、バザールカフェを介して周辺の人同士がつながっていく。そういった人々の存在や、彼らが取り組んでいる社会課題などを知ることで、さらに互いの関係性や視点がひらけていく。

また、榎本てる子らがカフェを用いた社会支援のあり方を構想・創立した当初から、活動は多様な関係者によって支えられてきた。とりわけ、社会課題に向き合い多くの人に寄り添ってきた彼女たちの

現役の暖炉

ビジョンを長年引き継げているのは、この活動に共感し支えてくれる「寄付者」の存在が何よりも大きい。

たとえばカフェの土地と建物。築80年以上といわれる現役の暖炉を備えた趣きある木造の元宣教師館は、いわゆるヴォーリズ建築の洋館だ。必要に応じて発生するケアワークや対人支援など、バザールカフェの多面的な活動はカフェ収入だけでは立ち行かない。これらの活動に共感するアメリカ合同教会(United Church of Christ ユナイテッド・チャーチ・オブ・クライスト、以下UCC)に、バザールの土地と建物を安価な家賃で借りているから成り立っている。賃貸契約の窓口である日本キリスト教団京都教区は家賃の半額を補助している。

木製のレジカウンターはじめ店内のテーブルや椅子は、1998年にバザールカフェが始まったとき、当時約100名のボランティアの手によってつくられ、いまなお現役で訪れる人たちを迎えている。個人や団体で毎年寄付してくれる人、物品を提供してくれる人たちも多くいて、こうした数えきれない関係者があってこそ日々の活動が成り立っているのだ。

## 異常事態でも

2020年4月、新型コロナウイルスの情報が少ないままに流行していた頃、飲食店や人が集まる施設が次々に自主休業した。バザールカフェも約2カ月半休業したが、その間行き場をなくす人がいてはいけないということで、少しのルールを決めて場所を開放した。具体的には木～土曜日の10～15時のあいだ、基本的な感染症対策や人数制限をしたうえで、誰でも来られるようにスタッフが滞在した。

1日に2～7名が来場し、庭の草木を手入れしたり、ぼーっとしたり、距離を保ちながら一緒に昼食をとったりした。時には不安な気持ちを口にしてみたり情報交換をしたりしながら、多くの人はよく笑っていた記憶がある。私自身、人とのつながりをここで確認することで、未知の病気がもたらす不安に押しつぶされずにいることができた。

それどころか、使い道が削られたエネルギーを持て余した人たちによって、何か新しいことが生まれそうなポジティブな雰囲気さえあった。誰かがぽろっとこぼした言葉や提案を誰かが拾って、実行に移すという場面が多々あった。なんてことはないが、「なわとび持ってきてん」「おもしろそう、やろうやろう」とか、「お昼ごはん、今日はどうしよう?」「調べてきてんけど、これどう?」「ええやん、そうしよう」とか。上述の「サンガイ飯」も、こうした会話から生まれた。

カフェの機能を一時的に失うことで、部分的に奪われたりすり減ったりすることも多く、現場にいる人たちにとってしんどい時期でもあった。それでもこの間、バザールには人の出入りがあり、例年の2倍にもなる寄付をいただき、足元が揺らぐことはなかったこの場の底力を実感した。社会の状況やニーズ、場に集う人の状態の変化に応じて、その都度模索し形を変えながら、カフェは25年間続いてきた。

# ひらかれた関係の中で自分をみつめる

## 計画通りにいかない畑

カフェの庭の隅にある1坪の畑の話をしたい。誰かが「ひょうたんの苗を貰ってきたから植えてみたい」と言えば植え、誰かが「先週大豆を蒔いてみました」と言えばほかの人も一緒になって芽が出てくるのを楽しみにした。ひょうたんが実る頃、植えた本人はカフェには姿を見せなくなっていたが、お庭班のメンバーで収穫し乾燥させて、ボランティアや子どもたちと音を鳴らしたり形を比べたりして楽しんだ。一方で大豆は、ようやく一房の枝豆を実らせたかと思うと、植えた人とは別の人によって収穫された。収穫した人は「悪いことしたなぁ」と言いながらも枝豆を喜んで食べていた。後日、せっかく実った枝豆を勝手に食べちゃってごめん、と植えた人に伝えると「また来年植えます」と言って笑っていた。

ここでは、個人的な行為や態度、たたずまいの連続が、一人ひとりの存在を浮かびあがらせている。共用の場所では、個人の計画通りにいかない。個人の想定を超えることが起きる。しかしそういう時にこそ、他者と自分が関与していることに気づかされる。誰かが特別に称えられたり、責められたり、損得をしたりするような強い関与ではない。ただ自分という存在が他者に確認され了解されているという、おぼろげだが全面的な肯定だ。

ひらかれた空間にある自立した個人のふるまいは、一体となることを強制されない。自分が思ったことを口にしたりやってみることはあっても、他者には強要しない。思いがけない人が自分にまなざしを向けている。偶然にも誰かの助けになることがある。そんなふうに、固定されず拘束されない、流動的で開放的な関係が、バザールカフェという空間で無数に交錯している。

## ブレンディング・コミュニティで安心して揺らぐ

上述してきたようなこの空間を、私たちは「ブレンディング・コミュニティ」と呼んでいる。生前の榎本てる子が個人のＳＮＳやレクチャーなどで使用していたこの言葉を記憶する人は、バザールカフェ内外に少なくない。残念ながら本人がこの言葉をはっきり定義することはかなわなかったが、彼女と共に活動してきた私たちにとっては、簡潔に説明することがむずかしいバザールカフェのあり様をひとことで表現する言葉として大切にしてきた。セクシュアリティ、エスニシティ、障害や病気、生き方などあらゆることで「多様な人たちがごちゃまぜに共にいる」ということに加え、肝心なのは「それぞれの存在が尊重される」ことだと理解している。

私の話で恐縮だが、働き始めてすぐのことだ。いろんな人の家族模様を聞いた。ある人は最近まで親に借金をして泣かせていたと言う。またある人たちはいわゆる男女のカップルではないけど長年寝食を共にするパートナーだと言う。別のある人は家族と一切縁はないと言う。榎本てる子に「私も家族のことでもやもやしてきた気がするけど、みんなと比べたらやっぱり小さいことやなぁ」とこぼすと、「しんどいのは人と比べるもんじゃないねん。話してみ」と言われた。家族の中にいると勝手にきょうだいと比べたり、親が期待していることを基準にして行動してきたと思う。だけど家族には本当によくしてもらってきた。だからこそ抜け出せない感じがして、惨めというか、しんどいけど、どうしたらいいかわからんねんな…。そういうことをぽつぽつと話していると、心が引き裂かれそうで涙が出ていた。それを正面で聞く榎本てる子も涙を浮かべて「しんどいな」と言った。私は驚いて、そのあとじんわりとゆるされた感じがした。家族だからって大切に育ててもらったからって、いろんな感情を持っていていいんだ。すぐに白黒つけなくてもいいんだ。複雑でごちゃごちゃした感情を持っている自分を、他者を通してバザールの空間そのものに受け止め肯定された感覚だった。

ここでは、多様な立場の人の話を聞き、影響を受けて初めて、自分がこれまで押しとどめていたものが表出した結果、新たな気づきや感覚を体験することになった。

いろんな他者の発言やふるまいを通して、自分の凝り固まっている考え方やこだわり、自分の深くにある差別心やトラウマに気づく瞬間がある。ときに人の手を借りながら内省することで、それらの囚われから自由になり、価値観がほぐれ、少し楽に息ができるような経験をすることがある。このようなプロセスを経験した人たちはそれを「視点の変換」とか「自分が変えられた」というように表現する。変化には不安や矛盾がつきもので、葛藤しながら長い時間とどまることもある。そして変わることだけを良しとしているのではないことも強調しておく。

安心して揺らぎ変化できる土壌があること、どういう在り方も大切にされる場が、ブレンディング・コミュニティなのかなと思っている。

ブレンディング・コミュニティについては6章で改めて考察している。2章と3章を読み終えたあとには、より具体的で深みを持った言葉になっていることと思う。ぜひこのまま読み進めていただきたい。

これもまた誰かに植えられた大根

脚立や樹に登って収穫したはっさくはなんと 150 個超え

2章

# バザールカフェには誰がいる？

佐々木結

マレーシア風サテ（鶏の串焼き）
2本、酢の物付

# まず「人」として出会う

## 「よくわからない」

「よくわからない」。バザールカフェでボランティアを始めたばかりの頃の私の印象だ。大学2年生の年度末、卒業する先輩の後を継いでバザールでボランティアを始めた時、私は「支援者」になるつもりでいた。というのも、「セクシュアリティ、年齢、国籍など、異なった現実に生きている人々がありのままの姿で受け入れられ、それぞれの価値観が尊重」される場の創出をミッションのひとつに掲げているバザールの中で、セクシュアリティにおいても、国籍やエスニック・アイデンティティにおいても、病気や障害といった点においてもマジョリティである私の役割は、マイノリティの人たちを受け入れ、尊重する側であると思い込んでいたのだ。そして、私が支援する対象となる人々―すなわち、ステレオタイプ通りのＬＧＢＴＱやＨＩＶ/エイズ、依存症の人々や外国人―がいるとも思い込んでいた。つまり、「支援される側」であると一目見てわかる人がいるはずだという先入観を持って私はバザールでのボランティアを始めたのだった。

けれども、実際にバザールのキッチンで紹介された人たちは、少なくとも私の目には「ふつう」に見える人たちだった。よく喋る外国人のおばちゃん、入墨のおじさん、おっとりしたお兄さん、そして少しぶっきらぼうな店長。確かにそれぞれ個性はあるが、街に行けばすれ違うようなそれほどめずらしくはない人たちである。自己紹介をする。「ションプーです」「ヨウちゃんです」「こんです」。しかし、この人たちが一体何者で、なぜここにいるのかということは説明されない。誰が「支援」していて誰が「支援」されているのかはわからなかった。

## しかし、人柄はわかる

「よくわからない」という感覚はボランティアを始めて数週間経っても変わらなかった。私は、「これでは普通のカフェでのアルバイトと変わらないではないか？」「いや、給料はほとんど出ていない。アルバイトの方がマシだ！」などと感じつつも、ほぼ無給で皿洗いやサラダの盛り付けをするバザールのボランティアを続けた。

その人の過去や持病について知らなくても、一緒に仕事をしていると人柄は次第にわかってくる。たとえば、見た目が怖い入墨のおじさんが物腰はやわらかで親切なことや、おっとりしたお兄さんが仕事を教えてくれて頼もしいこと。また、よく喋るおばちゃんはタイから来たということも何気ない会話の中で本人が教えてくれた。その人がどのような課題を抱えているのかを知らずとも、一緒に働くことはできる。まかないも美味しい。居心地もよくなってくる。けれどもやはり「よくわからない」という思いがすっきり晴れることはなかった。

## 「わかりやすい」には要注意

ところがある時わかりやすい人が来た。その人は「ボブちゃん」と呼ばれていた。ツルッと剃り上げた頭にキャップを後ろ向きにかぶった「おじさん」は、ハイテンションで松田聖子の「青い珊瑚礁」を歌っていた。テレビでみる「オネエ」のイメージと重なった。「この人はゲイだ」と私は思った。そしてその予想通りボブちゃんはゲイだった。そして私はボブちゃんのことをわかった気になり、ゲイのこともわかった気になったのだった。

しかし私は何もわかってはいなかった。ボブちゃんのことも、ゲイのことも。ゲイであることはボブちゃんの一部でしかないこと、全てのゲイがハイテンションで聖子ちゃんのモノマネをするわけではないということ、そんな当たり前のことをこの後の様々な出会いの中で私は気づかされることになる。

## 「よくわからない」ということがわかった

バザールに関わり始めて7年目の今、よくわからないということがよくわかるようになった。バザールにいる人たちの顔とニックネームを思い浮かべることはできる。セクシュアリティや国籍や病名や逮捕歴を打ち明けてくれた人もいる。けれども、そのような属性だけでその人のことをわかることなどできないことに気づいたのである。

そのように気づいたのはたとえば次のような時だった。同じ属性を持っている2人の人柄がまるで違っていることを感じた時。依存症という病気はその人の抱えている苦しさの現れのひとつにすぎないと感じた時。世間では「ろくでもない」とされるような経歴を持っている人の持つ、大学院生の私よりはるかにまともで思慮深い一面にふれた時。

世間には、属性に応じた様々な偏見やステレオタイプが存在している。私自身もそれらを手がかりにして誰かを理解しようとしてしまうことがある。しかし、たいていの場合、人間は極めて複雑でわかりにくい存在だということを私はバザールで何度も気づかされてきた。

## 属性で人間を語る時、一人ひとりの個性は矮小化される

ところで近年、「多様性」や「ダイバーシティ」ということが世間でも強調されるようになり、これに関する様々な言葉を聞くことも増えてきた。私たちはこれらの耳ざわりの良い言葉でなんとなくわかった気になっているが、突き詰めて考えれば、「多様性」という言葉のもとで行われていることには多様性を否定する一面もあると感じる。

たとえば、「セクシュアル・マイノリティ」というカテゴリー化はヘテロセクシュアルとシスジェンダーを前提とする人間観を相対化するものであるが、極めて多様な性的指向と性自認を「マイノリティ」という言葉で一括りにすることにより、複雑な現実がわかりやすく説明されすぎるきらいがある。こうしたカテゴリーだけで、わかった気になることはとても危険なことだ。

「セクシュアル・マイノリティ」や「依存症」や「学生」や「外国人」といったカテゴリー化は社会の内部の多様性を明らかにする上では役に立つが、ひとりの人間を属性で説明すること―たとえば、単に「依存症の〇〇さん」と呼ぶことはその人の生の現実の複雑さを矮小化することにほかならない。「依存症」を抱えていることや「学生」であることはその人の一部分にすぎないからである。だから、多様性を説明することは簡単なようでいて実はとてもむずかしい。

## 多様性はいかにして説明できるか

バザールには多様な人がいる。本章の目的はこれを説明することにある。しかし、どうすれば誤解なく説明できるだろうか。この本を手にとってくださっている方の多くは未だバザールに来たことがないかもしれない。そうであれば、「セクシュアル・マイノリティ」「依存症」「学生」「外国人」といったカテゴリーを積極的に使用したほうがイメージしやすいかもしれない。しかしこれには、余計なイメージを与えてミスリードにつながる懸念もある。そして何より、私にとって友人となっているバザールの人たちを、安易にカテゴライズして単純化して語ることには抵抗がある。その一方で、個人が特定できる描写や経歴を不必要に公にすることもしたくない。

悩んだ末、バザールカフェに誰がいるかを私の立場から説明することならば出来るかもしれないと感じるに至った。本章の記述は客観的にその人の経歴や置かれている状況を説明したものではなく、私自身のフィルターを通して見たその人の人柄を私自身の言葉で表現するように努めたものである。またバザールで呼ばれているあだ名とは異なる仮名を使用したりもした。

これまで25年間、無数のスタッフと常連客がバザールに関わってきた。本章で紹介できるのはごく一部の人に限られるが、何人か紹介するだけでも、バザールが文字通り「市場《いちば》」のように色々な人と人が出会う場であることをお伝えできるのではないかと思っている。

## 多国籍メニューをつくる外国人シェフ：バザールは第2のホーム

### バザールの外国人シェフ

バザールカフェには何人かのシェフがいる。その多くはアジア出身の女性である。彼女たちがつくるふるさとの味は〈日替わり料理〉としてバザールで提供されている。この本格的なアジア料理は、バザールのミッションを知らないお客さんたちをも惹きつけるバザールの魅力となっている。

フィリピン出身のオオノさんもバザールのシェフのひとりだ。働き始めて約20年のベテランである。21歳の時に興行ビザで来日し、水商売で働いた彼女は妊娠と契約解除、夫からのDV、離婚、言葉の壁と日本社会での差別など様々な困難を経験した後にバザールと出会った。そしてバザールで働きながら、4人の子どもたちを育て上げた。

## 夫からのＤＶ

オオノさんは来日してすぐに妊娠した。これによりプロモーターとの契約は解除され、一旦は帰国を余儀なくされたのであったが、子どもの父親である日本人男性と結婚したことで配偶者ビザを得て、日本での新しい生活が始まった。ところが、幸せだったのは最初の2年間だけで、その後はひたすら夫のＤＶに耐える日々だったと彼女は振り返る。しかも「自分がＤＶの被害者である」という自覚も持てていなかったという。

そんなオオノさんが夫のもとから子どもたちを連れて逃げ出すことができたのは、バザールの関係者たちが背中を押したからだ。最初にオオノさんは、教会で友達からもらった京都府の国際窓口の番号に、「福祉にまわしてください」という日本語だけを覚えて電話をかけた。ここで紹介されたのが、タガログ語で電話相談を行っている京都ＹＷＣＡの多言語電話相談（ＡＰＴ）だった。このＡＰＴではバザールカフェ創立メンバーの榎本てる子と青木理恵子が相談員をしていた。2人は2年間かけて、「あなたはＤＶ被害者」と言い続けた。そしてオオノさんは家から逃げる決心をしたのだった。

## 日本語を話せないと生きていけない

夫から離れたことで暴力を受けることは無くなったが、次に生じたのはお金の問題だった。４人の子どもたちを育てていくためにはオオノさん自身が働いてお金を稼ぐ必要があった。彼女は日本語での複雑なコミュニケーションを必要としない単純作業のアルバイトの面接をいくつか受けたという。しかしどこも彼女を雇ってはくれなかった。この時に彼女は「日本語を話せるようにならなければこの国では生きていけない」と痛感し、京都ＹＷＣＡの日本語教室に通い始めた。

## バザールカフェのシェフになる

オオノさんは約９年間にわたって夫からＤＶを受け続け、逃げ出してからも仕事を見つけることがむずかしく、依然として困難な状況に置かれていた。この時期の彼女は自信と尊厳を奪われた状態だったことだろう。日本語教室のクラスメイトが彼女をバザールのシェフに推薦したのはそんな時だった。しかし、彼女自身は料理人としての経験がなく、自分の料理に自信もなかった。かつて夫から「料理が臭い」と言われた経験が、自信の無さに影を落としていた。夫から言われた「臭い」という言葉について、今の彼女は「文化の違い」と言うことができる。しかし、当時の彼女にとっては、自分の料理を否定されたつらい記憶だった。

それでも、オオノさんはバザールに来てフィリピン料理をつくった。そしてそれを試食した榎本てる子のひとことによってエンパワメントされたのだという。彼女はその時の言葉を嬉しそうに教えてくれた。「バザールは大丈夫。自分のままで。おいしい、おいしい。」こうしてオオノさんはバザールのシェフになったのである。

## 家族ぐるみの関わり

4人の子どもを抱えたシングルマザーにとって、仕事をすることはそれ自体が非常に困難なことである。とくに外国人として日本社会で生活するオオノさんの場合はなおのことである。バザールはそんなオオノさんのスケジュールに合わせて柔軟に働くことのできる機会を提供した。

シェフになった当初は、週に3回YWCAの日本語教室に通っていた。当時の店長は、日本語教室がある日は14時に早退できるように配慮した。そして、少し日本語が上達してホテルのベッドメイキングの仕事や喫茶店のウェイターの仕事を始めてからも、多忙なスケジュールの隙間を縫うようにオオノさんはバザールで働き続けた。

子どもたちにも課題が多かった。長男と次男は「非行」、下の娘は学校に行きたがらなかったという。そんなオオノさんの息子をバザールの人が警察に迎えに行ったこともあった。また、松浦千恵のように、ものを買って子どもたちを甘やかしてくれる大人もいた。

さらに、日本語が不自由なために失った機会の一部をバザールの人の持っている専門性によって取り戻せたこともあった。それを象徴するのは子どもたちの予防接種である。日本語で届く予防接種の通知をオオノさんは放ったらかしにしていたのだ。日本語が不自由だったのだから無理もない。バザールに出入りしていたあるソーシャルワーカーはそのことに気づき、あれこれと調べて後から一緒に接種に行ってくれたという。

そんな、バザールと自身、そして子どもたちの関わりについてオオノさんは、「ここにいたから迷子にならなかった」と振り返る。子どもより自分のことを優先したり、道を踏み外しそうになったこともあった。しかしそうならずに済んだのは、バザールがオオノさん本人だけでなく子どもたちのことも気にかけて、時には叱ってくれる人たちがバザールにいたからだといい、オオノさんはバザールを私の「第2のホーム」と呼ぶ。

## かつての自分と同じ立場にある人の「声」になる

オオノさんはいま、コミュニティ通訳として働いている。コミュニティ通訳とは、日本語が不自由なために教育・社会福祉・医療などの公的サービスにアクセスできない人々と公的機関の間に入って、人々の日本での暮らしを支える非常に重要な仕事である。しかし、公的機関がコミュニティ通訳事業に割いている予算はごくわずかであり、サービスが不十分であるとオオノさんは憤る。そして専門的な仕事であるにも関わらずオオノさんの給料は決して高くない。それでもオオノさんがコミュニティ通訳の仕事を続けるのには理由がある。「自分と同じ立場にあるDV被害者の〈声〉に私はなりたい」。オオノさんはこのように語る。オオノさんは今、バザールでエンパワメントされ続けながら、かつての自分と同じ立場にある人々を支え、エンパワメントするコミュニティ通訳として働いている。

## アルコール依存症のゲンさん：誰かに必要とされる場所

ゲンさんは依存症を抱えており、生活保護も受けている。自宅ではヘルパーから生活援助も受けている。しかしゲンさんは世話好きな性格で気配り屋でもある。バザールにお客さんが来た時、カバンを入れるカゴとお水をいち早く持っていくのは大抵いつもゲンさんだ。ちょっとお金があるときには、お菓子やジュースを買ってきてみんなに振る舞ってくれる。また、私をよくタバコに誘う。ふだん吸わない私もこのときばかりは貰って吸う。

### バザールの大工さん

ところで、世話好きで経験豊かな人にとって、一方的に世話をされたり、誰かに指図されて何かをするというのはきっと苦痛だ。自分が必要とされている感覚、役に立っているという感覚が、その場の居心地と分かちがたく結びついているといえるだろう。ゲンさんがバザールに通い続けているのも、バザールが一方的に世話をされる場所ではなく、自分のスキルを主体的に活かせる場所だということと無関係ではないと私は思っている。

バザールの中でゲンさんのスキルがとくに生かされるのは大工仕事である。古い建物でカフェをしていると、扉の取っ手が取れたり看板が壊れたり、ちょっとした大工仕事が必要な場面がよくある。そんな時はゲンさんの出番なのだ。器用にちゃちゃっと直してくれたり、馴染みのホームセンターに電話して「アレあるか〜？」と聞いて、必要なものを見繕うことのできるゲンさんは、バザールにとって実際に役に立っており必要とされる存在なのだ。

## 「余白」から生じる視点の転換

ゲンさんにとっての大工仕事のようなことを、バザールでは「関わりしろ」と呼んで大切にしている。色々なスキルや個性を持つ人が共に働くことのできる場にするための「余白」や作業のことで、意図的につくられることも多いが、その意図を超えることもある。

大工仕事に関して、私はゲンさんの弟子である。ある時大量の廃材が出た。これでベンチをつくったら何かと便利だし、ゲンさんのスキルも活かされると思った私は、「ベンチのつくり方を教えてください」とゲンさんにお願いしたのだ。すると、ゲンさんは私に手を出す隙をほとんど与えずに、ぱぱっとベンチをつくってしまった。「一緒につくりたかったのに…」と思っていたら、「ほら見てたやろ」といって、今度は私に工具を持たせて、丁寧に教えながらつくらせてくれた。私は、ゲンさんが教え上手なことに驚いた。どちらか一方の人の意図に基づいてつくられた「関わりしろ」が、気づけばその意図を越え、つくった側の新しい気づきや、相互変容につながっていることも少なくない。

## 存在も能力も、どちらも肯定する

「ありのままを受け入れる」、「能力ではなく存在それ自体を尊重する」。これらはとても大切なことである。しかし、「受け入れられる」側にすれば、いたたまれなさを感じることが少なくない。口ではそう言われても、やはり「役に立たない私はここにいたらいけない」という思いを完全に拭い去るのはむずかしい。「ありのままを受け入れる」と同時に、一人ひとりが「自分はここに必要とされている」と感じることのできる「関わりしろ」が「私はバザールにいて良いんだ」という思いを支えているのである。ちなみに、私たちのつくった2つのベンチは、今もバザールの喫煙所でタバコを吸う人たちのお尻を支えて、役に立ち続けている。

ゲンさんと一緒につくったベンチ

バザールの工具と作業小屋

## 依存症の当事者でもある店長：「私、ここにいて良いんだな」

麗華さんはバザールカフェの店長である。バザールには事務局スタッフや有償・無償のボランティアなどたくさんの人が関わっているが、毎日バザールに出勤するのは店長の麗華さんだけだ。毎月のメニューを考えるのも、シェフの出勤日を調整するのも、食材の買い出しに行くのも、ほとんど麗華さんの役割だ。営業中はレジを打つことも多いから、お客さんがバザールに来て最初に出会うのが麗華さんである場合も多い。また、シェフとして日替わりランチをつくることもある。今のバザールがカフェとして営業できているのは、麗華さんのこうした役割によるところがとても大きい。

しかし実は、麗華さんの役割は単なる店長にとどまらない。スタッフやお客さんの話を聞き、寄り添い、一緒に考え、時に問題解決をすることもある。その点で麗華さんはカウンセラーでありソーシャルワーカーでもあると皆はいう。けれどもカウンセラーやソーシャルワーカーとしての麗華さんの姿は近くにいてもなかなか見えにくい。そこで私は、知っているようで知らない麗華さんのもうひとつの役割の一端を垣間見るべく、冬も終わりかけたある日の麗華さんに密着取材を試みた。

## 麗華さんの朝

9時30分、麗華さんは食材を詰め込んだスーツケースをゴロゴロ引いてバザールへやってくる。そして朝の陽の差し込む店内の窓際の席に斜めに座ってコーヒーとパンを食べる。ゆったりとした時間はあっという間に過ぎ、シェフやスタッフがやってきた。仕込みを始めているシェフを横目に、麗華さんは手帳をにらんで考えたり、どこかへ注文の電話をかけている。週末の貸し切りパーティーのメニューを考えているらしい。麗華さんは「10時半になったら立ち上がる！」と宣言するが、20分過ぎても動き出す気配はない。シェフはランチの準備を着々と進めている。突然、「パセリとポテトチップスやったんや〜」と麗華さんが叫ぶ。買い物を忘れたらしい。ちょうどその頃、ゲンさんがやってくる。麗華さんは「おはよう、電話したんやで〜」と声をかける。ゲンさんはみんなに菓子パンを配り、麗華さんはゲンさんがこの前落とした5000円のことを心配している。私がゲンさんに誘われタバコを吸って戻ってきた時には、麗華さんは立ち上がって働いていた。

## 「ただいま」といって来店する常連さん

バザールは11時半に開店する。開店早々、常連客の田原さんがやって来た。田原さんはいつも「ただいまー！」と言ってバザールにやってきて、「行ってきます！」と言ってバザールを出て行く。今日も麗華さんは「おかえりー」と言って田原さんを迎え入れて、「いってらっしゃーい」と言って送り出していた。

## スタッフの誕生日

けれどもこの日は田原さんのほかにはお客さんがほとんど来ない。大学の授業が休みの期間はこんな日も少なくない。その代わりに久しぶりの人が何人か来た。ひとり目は12時過ぎにやってきたあきちゃんだった。別のスタッフとあきちゃんが「久しぶり〜」と喋っているが、麗華さんは「会ってないの？」と驚いている。自分の調子にあわせて来たり来なかったりする人も多いバザールではよくあることだ。そんな人たちを毎日出勤している麗華さんがつなぎ合わせている。

あきちゃんは「きのう30歳になりました」と麗華さんに話しかける。麗華さんは「この際だから、おめでとうしようよ！クレイジーケーキ3つ！」と言って、誕生日が近かった3人を集めて即席のバースデーパーティーが始まる。麗華さんはバザールに集まる人の記念日をこうしてよく祝ってくれる。

こんなことをしている時に限ってお客さんがやってきて、麗華さんはその対応をする。しかしそれが一段落したころ、あきちゃんがまた麗華さんに話しかけた。

麗華さん、バザールで誕生日をお祝いしてもらったと母にラインしたら、「生きててよかったね」と言われて、それで「うん、良かった。産んでくれてありがとう」って伝えられました。

## 麗華さんのピアカウンセリング

15時過ぎ、今度はすーさんがやって来た。来るなり麗華さんとハグ。「改めておめでとう！」と麗華さん。すーさんの娘が高校に合格したのだ。すーさんは「この前はせっかく来てくれたのにごめんなさい」と言う。少し前にすーさんのバースデーを祝いに家まで行った時のことらしい。すーさんは依存症である。依存症の世界でバースデーとはお酒を飲むのを止めた日のことだ。実は、麗華さんも依存症で少し前に10年のバースデーを祝った。だから麗華さんはすーさんの先輩ということになる。16時になって営業を終え、片付けをしたりのんびりしたりしている時、すーさんが麗華さんに話しかけた。

すー）普通の人って、しんどいときどうやって乗り越えてるのかな。
麗華）いま、すーさんは普通の人やろ、こうやってるんやで
すー）こんなにしんどいんですか？
麗華）せやで、私たちは、それをこれまで別の方法でごまかしたり、見て見ぬ振りをしてきたんや。

## 店長×カウンセラー×ソーシャルワーカー×当事者＝麗華

バザールには資格を持ったカウンセラーもソーシャルワーカーも関わっている。そういう人たちがバザールに来る人たちを様々に「支援」している。しかし「支援」ではどうにもならないこともある。支援者ではないからこそできる関わりがある。麗華さんはあるインタビューで次のように語っている。

「店長」としては話を聴かない。バザールカフェのスタッフとして聴くのではなく、「同じ状況をたどってきた一人」として聴きます。

麗華さんのカウンセリングはピアカウンセリングだ。しかしそれが「店長」という役割と絡み合うことで麗華さん独自のものになっていると私は感じている。麗華さんの行動が、誰かが自分自身を見つめ直すきっかけになることはめずらしくない。その意味で、麗華さんはソーシャルワーカーである。しかし、それはカフェでの店長としての働きの中でさりげなくなされる場合が多く、「ソーシャルワークをやってる感」を周囲に感じさせることは少ない。バザールカフェには、店長であり、ソーシャルワーカーであり、「同じ状況をたどってきたひとり」である麗華さんがいる。そして、彼女を頼りに通ってくるたくさんのスタッフとお客さんたちがいる。

## 皿洗いをする高校教師：違う自分になれる場所

「バザールは金もらって働くようなところじゃないんだよ」。これが口癖のきーさんは、その言葉の通り、高校教員として働きながら、創立以来バザールに関わり続けてきた。最近はだいたい、お客さんのピークが過ぎた15時頃にやってきて、スタッフや学生と少し雑談した後、閉店作業の掃除を手伝って、ダラダラせずに帰って行く。数年前に定年退職してからも、この口癖の通り、バザールを本業にすることもなく、ちょうどいい距離感でバザールに関わり続けている。目立たず、しかし着実にバザールを支えている。

きーさんが勤めていたのは、バザールの目と鼻の先にある同志社大学の系列校だった。きーさんは、決して暇ではないはずの高校教員をしながら、バザールに関わり続けた現役時代を次のように回想していた。

僕、学校を抜け出す方法として「今出川で会議」と言って、バザールカフェに寄ってウダウダしたり。グータラだからスケジュールを決めないと来れない人だから。木曜日の夜は掃除するとか。なぜ16時頃、学校からここに来ていられたか謎だけど、16時にはここに来て最後は掃除して帰る。校長になる前からずっとだったから。

仕事のふりをして学校を抜け出すというのは少しズルい。けれども、バザールでこうした時間を過ごすことが、教師としての働きに多少なりとも意味を持っていたということは、「木村先生いますか?」とバザールにやってくる元教え子の数の多さが証明しているのではないだろうか。バザールでの出会いや経験が、授業や生徒との関わりに直接・間接に生かされていたのではないかと思う。

バザールで過ごす時間は、きーさん本人にとっても大切な時間だったようだ。それは、高校教員とは全く違う自分になれる時間だった。きーさんは次のように振り返る。

> 意外と洗いものが好きなんだ。後で一つの話のネタとして。教育ってわからない、成果が出ないし。たいしたこと言ってないのに勝手に感動されたり。熱意をめちゃくちゃ入れても感動されないとか。そんな中で「バザールカフェ」に来ると居場所とかいうけど、洗い場って、ちゃんと洗えば片づく。自分がやったことでシンクがきれいになる。達成感がある。「バザールカフェ」は成果主義とかないし、学校教員の木村にとっては、シンクにたまるお皿が洗えば、きれいになる、一つの目に見える成果として。この頃は楽しかった。

バザールに来る人の中には、バザールが無くても生きていくことのできる人もいる。しかし、バザールの存在がそうした人々の人生に彩りを加えていることもまた否定できない。バザールでの出合いや経験がバザールの外での仕事や生活のリフレッシュになったり、役立ったりするのである。

そしてバザールにとっても、様々な本業を持ちながら関わる人の存在はこれまで重要であったし、これからも重要な存在であり続けるはずだ。支援者と被支援者だけの煮詰まった共同体ではない、文字通り市場のような雰囲気はこうした人々の関わりによって支えられてきたのだろう。また、こうした人たちの存在は財政面でも重要な意味を持ってきた。きーさんのようにボランタリーに関わる人の幅の広さと層の厚さが、財政規模のそれほど大きくないバザールの活動を様々な方向へ広げることができた秘訣のひとつだったのである。

## 常連客の牧師：肩書をおろして過ごせる場所

バザールの常連客のふみおっちは、仕事づきあいがきっかけでバザールへやってきた。ふみおっちは、バザールと関わりの深い日本キリスト教団京都教区の教区総会議長、要するに76の教会・伝道所のまとめ役なのである。ふみおっちは、真面目で仕事熱心で、ちょっとお堅い印象もある。

最初は、会議やイベントの時にバザールにやってきていた。しかし次第にバザールで見かけることが増え、いつしか用事が無くてもやってくる常連さんになった。しかし、私はそれすらも仕事への熱心さゆえのことだと思っていた。教区の責任者としてバザールとの関係を強めるために、用事がなくても顔を出すようにしているのだと思ったのだ。

ところで、少し前まで私たちは、ふみおっちのことを「先生」と呼んでいた。普段の仕事が「先生」と呼ばれる仕事だからだ。そして、呼び方だけでなく、接し方も遠慮がちだった。相手のことを「先生」と思って、こちらの方から壁をつくっていたのだ。

けれども、あるとき、ふみおっちは言った。「先生と呼ばないでください」。これがきっかけで、私たちは「先生」ではなく「ふみおっち」と呼ぶようになったのである。

「支援する・されるを超えた関係」ということを強調しているバザールだが、常連さんの中には「先生」と呼ばれる仕事をしている人も多く、ついつい「先生」と呼んでしまうことが多い。その人自身ではなく、その人の職業や肩書で相手を見てしまうことが多いのだ。もちろん、「先生」と呼ばれるのが嫌じゃない人もいるだろう。けれども、違和感を覚える人もきっと少なくないはずだ。きっと誰しもが、肩書をおろして自分自身に戻る瞬間を必要としている。ふみおっちは、自分の違和感を素直に表明することで、私たちにこのことを気づかせてくれた。

「先生」から「ふみおっち」と呼ぶようになって、お互いの関係性まで変わった。昨年のフィエスタ（年に一度のバザールのお祭り）では、なんと「一世風靡セピア」のモノマネ・ショーにまで出演してくれたのだ。

バザールは、社会の中で弱くされている人たちを強くしたり、周縁化されている人を真ん中に置いたりするだけの場所ではない。大きすぎる職責や権威を与えられて、自分らしくあることを阻害されている人たちにとっても、肩書をおろして過ごすことのできる居場所なのである。

## 社会福祉学科の実習生：実習で得た一番の財産は居場所

さやかは社会福祉を学ぶ大学生だ。バザールには実習でやってきた。1年間、毎週1回やってきて、キッチンで働いていた。シェフのションプーさんとはとくに仲良くなりフィエスタの時にはションプーさんの助手として北タイ名物のカレーラーメン「カオソーイ」を売っていた。2人は名コンビだ。

## まず人として出会う

バザールでの人間関係は表面的な情報を知ること無く築かれていく。私自身もそうだった。つまり、セクシュアリティや国籍や病気などについて予め知らされること無く、「まず人として出会う」。信頼関係が築かれた後でこれらの情報を本人から打ち明けられることもあれば、知らないまま仲を深めていくこともある。ともあれ、この「まず人として出会う」ことによって、乗り越えることのできる偏見や与えられる気づきは多い。さやかは、このようにして人間関係を築いていく中で次のような気づきを得たと言う。

自分とすごい能力に差があるわけでもないし、何にも変わらへん。

履習相談＆焼き芋会に集まる学生たち

ただ、生きてきた人生がチョット違うだけ。

## 自分も自由に

こうしてさやかはバザールに溶け込んでいった。それだけではない。さやかはバザールでの実習を通して、自分自身への眼差しをも変化させたという。

世間一般の「幸せ」「優秀」みたいな型がある。これに当てはまらなアカン。そんな固定観念が元々あったんです。けど、ここに来てそれが無くなった。ホンマに自分のやりたいことをやればいい。まわりの考える「幸せ」じゃなく、本人がどう思うかがホンマに一番良いこと。固定観念が取れてから急に生きやすくなった。

バザールには毎年何人もの学生が実習やボランティアでやってくる。そしてここで様々な人と出会い、自分自身を見つめ直すことによって、生き方や人生設計を大きく変化させる人も少なくない。あるいは、ここでの経験を活かして社会福祉の専門家として活躍している人も多い。ところがさやかは、1年間の実習を終えて一般企業の就職活動に励んでいる。さやかはバザールで自分を見つめ直す経験をしたが、人生設計を変えることはなかったのである。それではさやかは何を得たのだろうか。本人は実習報告書に次のように書いている。

実習を通して得た何よりも大きな財産は、バザールカフェという「居場所」ができたことだと思います。実習に行けばいつも「さやか、おはよう！」と、授業から戻ってくるといつも「おかえり！」と声をかけてくださる温かい環境に、これからも居場所の一つとして通いたいと感じています。

「実習」というと、専門家を養成しているような印象がある。しかしバザールの「実習」はそれだけが目的ではない。さやかの場合は、ションプーさんをはじめとするバザールの人たちと「人として出会う」過程で偏見を乗り越え、さらには自分自身が「これに当てはまらなアカン」と思っていた「型」からも自由になることができた。そして、バザールという「居場所のひとつ」も手に入れ、これからの人生を歩んでいこうとしているのである。これもまたバザールでの実習やボランティアの大切な効用なのである。

## 福祉は「ふつう」の人にも必要！

本来、社会福祉や医療とは、社会の中にあって、全ての人に関係するもののはずである。ところが現実には、外の社会と隔絶し、内部においては支援者―被支援者という関係性が固定化され、それ以外の立場の人が関わる余地が無くなってしまっている制度や事業所も少なくない。こうなってしまうと、制度を利用する心理的ハードルも高くなるし、偏見も生まれやすくなるだろう。

バザールカフェが大切にしてきたことのひとつにＴＡＢ（temporarily able-bodied person）という考え方がある。この言葉の意味は「健常者」であるが、直訳すれば「一時的に可能な身体の人」である。一時的に（temporarily）という言葉に表されているように、「健常者」というのは不変で固定化された属性ではなく、誰しもが事故や病気によって突然「障害者」になる可能性を持っていることをＴＡＢという言葉は示唆している。そして、さらにその意味をおし拡げて理解するなら、人は状況ごとに何かをできたり（able）できなかったり（unable）するのであって、支援―被支援の関係性とは極めて状況的・流動的なものであるということなのである。

さやかのようにバザールでの実習を経て「ふつう」の社会に飛び立っていく人の存在は、社会福祉やキリスト教に対する関心からバザールが語られるとき、あまり強調されない。しかし、バザールや社会福祉や宗教が社会から隔絶した存在ではないとすれば、こうした人たちが関わっていることが非常に重要であると私は考えている。なぜなら、社会を変えるためには「ふつう」の人の理解と参画が不可欠だからである。そしてさらに声を大にして言いたいのは、「ふつう」の人にも居場所は必要だからだ。この社会で、「あの人どうしているかな？」と心配し、久しぶりに会ったら「おかえり」と声をかけ、戻ってきてもありのまま受け入れてくれる他人は果たしてどれ程いるだろうか。学生時代をバザールで過ごし、偏見や固定観念から自由にされて一般企業へと飛び立っていく。そんな学生たちもバザールにはいる。

消しゴムはんこでサンガイ飯券をつくる

消しゴムはんこは、バザールも出店した東九条春まつりのワークショップでも

畑仕事する学生とスタッフ

卒業式の日もバザールでランチ

## たろうと3人のおとな：ふしぎな子育ての場

### 「バザール村」

バザール村は京都市上京区を中心に北区と中京区の一部にまたがって存在している。もちろん実在の行政村ではないし、コミューンのような閉鎖的な共同体でもない。私たちが冗談で呼んでいるだけだ。

しかし実際、バザールの人たちは近いところに集まって住みがちである。生活を立て直すため心機一転バザールの近くに引っ越してきた人、病院や刑務所などから出てくる人の部屋をバザールの関係者が世話した結果「たまたま」住み始めた人、生活費を管理してもらうためにバザールの近くに住む人、バザールの近くの大学に通うためにひとり暮らしをしている学生。意図したわけではないが、気づいたときにはこうなっていた。

近くに住む人が増えてくると、本当に「村」らしくなってくる。「〇〇さんが引っ越してくるから手伝って」「野菜をもらったけれど食べきれないからちょっとあげる」「□□さんのアパート、あれじゃ生活立て直せないよ、大掃除に行こう！」「しばらく帰省するから、金魚をよろしく」などなど。かつての近所付き合いか、いにしえの「村」のような関係性が21世紀の京都において意図しないうちにでき上がっていたわけである。

## パンデミックとたろう

新型コロナウイルスが流行り始めた頃、バザールはカフェ営業を休止して居場所として場を開放していた。スタッフや常連客は何をするでもなくのんびりと過ごした。また、大学が閉鎖されて暇を持て余していた私たち学生は、入学したけれど授業もバイトもなく友達をつくる機会すらない新入生などを集めて、週1回の夕食会「みんなで一人暮らしの会」を開いた。あの頃、誰かと一緒に対面で過ごすことのできる場所は貴重だった。

ちょうどその頃にたろうが産まれた。たろうの母親はバザールで対人援助を担う松浦千恵である。終わりの見えないパンデミックに起因する不安と困窮の中でたろうの存在は希望であり、感染者数と政府の方針以外は何も変わらない日々の中で日に日に成長し変化していくたろうの姿は大きな楽しみでもあった。そんなわけで、たろうはバザールの人たちに囲まれて育ってきたのである。カフェの営業を再開してからもそれは変わらない。

## たろうと3人のおとな

そんなおとなたちの中でもとくに、とおるさん・ぴんちゃん・ヨシタカの3人は保育園の送り迎えまでしている。この3人とたろうの関係を見ていて面白いと感じるのは、たろうに対する態度が、3人それぞれ異なっているということである。

とおるさんは子育てに厳しい。とおるさんのお迎えの日はジュースを買ってもらえず、飲み物は水だ。けれども、とおるさんはとにかくたろうに喋りかける。たろうが年齢の割に沢山話し、大人びた言葉を使うのはとおるさんの言葉のシャワーの影響だ。ぴんちゃんはあまりにも自由だ。ある時、「オタマトーン」を持ってお迎えに行ったら、子どもたちは絵本の読み聞かせをしている先生よりぴんちゃんに夢中になった。先生からは顰蹙を買ったけれども、だいたいの子どもはそんなぴんちゃんのことが大好きだ。「教育上」とか「お行儀」とかを押し付けるふつうのおとなとは違うのである。ヨシタカはお菓子もジュースも買ってくれるし、軽トラにも乗せてくれた。晩ごはんも時々つくってくれる。見た目は一番いかついけれど、たろうが一番甘えられるのはヨシタカかもしれない。そして、たろうのお母さんである松浦が一番甘えているのも実はヨシタカだ。たろうは、多様なおとなに囲まれて成長しているのである。

## 色々なおとなに出会うことの意義

都市化・核家族化によって「村」が消滅したことで、社会から失われたものは多い。そのひとつは、子どもが様々なおとなと出会う機会であると思う。近頃、学校や習い事の先生を除けば、子どもたちが親以外のおとなと関わる機会は極めて少ない。その結果として、子どもたちは生き方の多様なモデルを得ることができず、親や教師の生き方や考え方を相対化することがむずかしくなっていると感じる。

かつての子どもたちには、近所の怖いおばちゃんに叱られた経験や見知らぬ人に助けてもらった経験、知り合いのおじさんからの入れ知恵で親と渡り合った経験など、親や教師以外のおとなとの間に良くも悪くも様々な出会いがあったのではないだろうか。かくいう私も「近頃の若者」であるが、仕事

村のような関係性

も年齢も異なる多様な人々が毎週日曜日に顔を合わせる教会という特殊な環境で育ったおかげで、多様なおとなと出会う機会は多かった。その経験から感じるのは、小さなうちから様々なおとなたちと出会うことは、どんなおとなになりたいか、あるいは「あんなおとなには絶対ならないぞ！」と考えるための格好の材料になるということだ。この出会いはきっと、子どもたちの将来の選択肢を増やすことにつながるし、10年20年先の社会を豊かにするだろう。

## 「ふつう」なら支援される側の人たち

他方で「村」には、よそ者や変わり者を排除するような排他的なイメージもつきまとう。そうであるならば、「村」にも無かったものがバザールにはあるといえる。というのも、この3人の中には、病気や様々な過去を持っている人もいるからである。警察に捕まった経験もあるヨシタカは言う「現金や貴重品も転がっている家にこんな俺をあげて子どもたちの世話をさせるなんて、千恵ちゃんはどうかしてる」。

抱えている病気や経歴に応じて役割が決められがちなこの社会において、大抵の場合「支援される側」の役割を与えられてきた人たちが、ここでは支える側に回ることもある。この点で、「バザール村」は都市化・核家族化した現代の日本社会とも、いわゆる「村」社会のどちらとも異なるのである。

## 支援されるソーシャルワーカー：「お互い様なんだな」

本書の著者のひとりであり、ソーシャルワーカーの松浦も「バザール村」の村人のひとりだ。共著者のひとりではあるが、ここではひとりの登場人物として千恵さんと呼ぶことにする。上述した「バザール村」の不思議な子育てが成立した理由を考えるために、たろうの母親である千恵さんにも注目してみよう。

### 助けてくれへんか

たろうと3人のおとなたちの関係はバザール村の成立と同じく意図せず成立した。その背景にあったのは千恵さんのキャパオーバーである。バザールと病院の仕事だけで精一杯だった千恵さんが自治体の委託事業などさらに多くの仕事を抱え込んだのである。膨大な仕事と3人の子どもたちの世話を両立することなど不可能に近い。キャパオーバーになることは容易に予想できた。案の定「助けてくれへんか？」と3人に頼ることになったのであった。本人は意図していなかったような口ぶりであるから、やはり意図せずして成立したということにしておこう。

しかし、単なる偶然と言い切ってしまうことは、幾つかの重要な点を見逃すことになると感じる。第一に、千恵さんがキャパオーバーになったのは社会制度の不足の必然的帰結でもあったという点は無視するべきではない。現在の日本社会において共働きで3人の子どもを育てようとするとき、社会のサポートは足りなさすぎる。キャパオーバーになった原因の全てを千恵さんの計画性の無さに帰することは社会の欠陥を矮小化することになってしまう。第2に、環境が整っていたということも注目するべき点だろう。「助けてくれへんか?」と言った時、それに応じて助けてくれる人が近くにいたのである。これは今のこの社会の中では当たり前のことではない。バザールというオルタナティブな「村」的コミュニティだったからこそというべきであろう。

だが、何よりも重要だったのは、千恵さんが「助けてくれへんか?」と言えたことだ。私たちは他人に迷惑をかけることに対して必要以上の申し訳無さを感じてしまう。だから人に頼ることは簡単ではない。そしてソーシャルワーカーという仕事をしていればそれはさらにむずかしいだろう。この社会には特定の人々を自動的に「支援される側」と見なしてしまう偏見と同様に、ソーシャルワーカーなど特定の仕事をしている人々を自動的に「支援する側」と見なしてしまう偏見が存在している。

## 「助けて」と言えるために

では、千恵さんが「助けて」と言えたのはどうしてだろうか。この不思議な子育てについて千恵さんとLINEでやりとりをする中でその答えがわかった。

私の「助けて！」は、その人の回復の妨げになることも時にあるでしょう。重荷になるとか、その信頼が苦しくなるとか、単純にしんどいのに断れないとか。でも、そういうものを全て考慮なんてできない、私も生活が大変だから笑。そんなことで、やっぱりこの生活面においては、私は完全にサポートされていて、お互い様なんだな。

千恵さんが「助けて！」と言えた理由、それは開

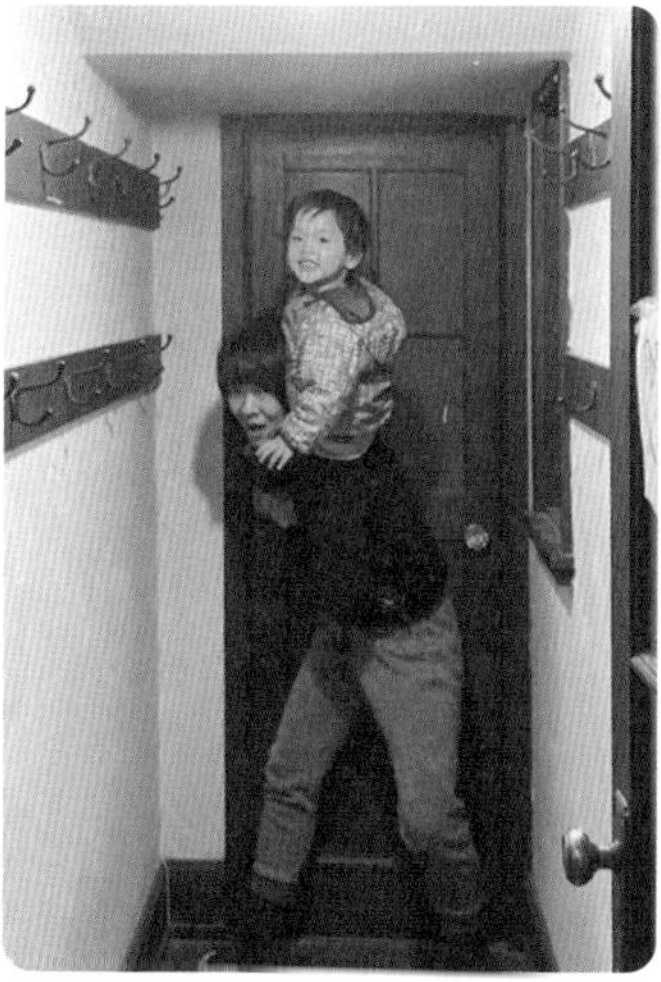

たろうのバザールカフェでの日常

き直りだったと私は思う。ソーシャルワーカーも人間である。だから当然、弱い。ソーシャルワーカーでも生活面で助けを受ける。千恵さんは開き直った。自分の弱さに気づき、それを受け入れたのである。こうしてバザール村の不思議な子育てが始まったのだった。

## バザール村にあるもの

人間が村から街に出て久しい。誰がどこに住んでいるのか、そこに住んでいる人がどのような職業なのかわからなくなった。職場に行けばそれぞれ期待された役割がある。しかし、職場を一歩出ればただの人に戻る。これはこれで楽なのかもしれない。

しかし、職業や立場にまとわりついた規範性は却って強固になっていないだろうか。「先生」と呼ばれたり「立派」だとされがちな職業にある人は、たとえ本人が弱くありたいと望んでも、「強くあるべし」という像を世間から押し付けられて、強い姿を演じることを強いられているのではないか。

「職」と「住」が今より近かった「村」の時代にはこのようなことはきっと無かったはずだ。教師も牧師もソーシャルワーカーも—当時はこのような職業は無かったかもしれないが、ひとりの村人として生活するからにはカッコ悪い面も隠し切ることができなかったし、世間もそれを受け入れていたのではないだろうか。しかし今日、こうした人々の生活を垣間見ることは多くない。私たちはその人の人間らしい姿を知ることなく、「エライ先生」としてのイメージを形成してしまっている。

ほんらい、人間関係は相互的なはずである。日頃、誰かを支える仕事をしている人にも誰かに支えられている部分が必ずある。誰しもが誰かに寄りかかっているというのは当たり前のことなのである。しかし私たちはそのことを忘れてしまいがちである。

もしかすると、バザールのユニークな人間関係は、なにか高尚な理念によって支えられているのではなく、互いの弱さを見せあった後の「お互い様」の関係性に支えられているのかもしれない。社会が子育て世帯に優しくなったり、地域での再出発を目指す人々を受け止められるようになるために必要なのは、互いの弱さを見せ合って認め合う「開き直り」なのかもしれない。バザールカフェには、自らの弱さを隠さず示して「助けてくれへんか？」ということのできるソーシャルワーカーがいる。

## ボブちゃん「と」英一：ありのままの姿へ

ボブちゃんはゲイだ。はじめに紹介したとおり、頭を剃り上げて、いつもキャップをかぶっている。ガタイが良くて、だいたいいつも半ズボン。こういう容姿をゲイ用語では「イカニモ系」というらしい。

ボブちゃんはテンションが高い。「昭和」の歌をよく口ずさんでいて、時々熱唱もしている。ボブちゃんが好きなのは松田聖子だ。ボブちゃんはよく煮物をつくって来る。かぼちゃの煮物をたくさんつくって来て、周りにいる人たちに食べさせる。ちょっと強引に勧めて、ほとんど無理やり「おいしい」と言わせたりもする。人を楽しませることが好きな人であり、その才能もある人だ。ボブちゃんが来るとバザールがいつもよりすこし明るくなる。

## 榎本てる子の葬儀とボブちゃん

しかし、誰しもがそうであるように、ボブちゃんもまた不安や悲しみや苦しみを抱えていた。ボブちゃんの明るさは、悲しみや苦しみをどうにかしようとするためのものだったのかもしれない。私はそう思っている。

辛ければ辛いほど明るく振る舞おうとする。そのような性格をとくに感じたのは、バザール創立の中心的メンバーであり牧師でもあった榎本てる子の葬儀の時だった。榎本は、カナダで専門的トレーニングを受けた牧会カウンセリング（牧師がおこなうカウンセリング）のプロで、精神的にも実質的にもバザールを支えてきた人だった。ボブちゃんも榎本に支えられてきたひとりである。榎本は２０１８年４月に亡くなったが、その葬儀は日本ではめずらしいCelebration of Life（生命のお祝い）という形で行われた。葬儀の案内には次のように書かれていた。

この集いはてるちゃんが生命を与えられ、この世で私たちと関わり生きたことを祝う会です。てるちゃんは虹色のような様々な色の会にしたいと生前願っておりましたので明るい服装でいらしてください。

この案内の通り、私たちは思い思いの明るい格好をして教会に集まった。レインボーのネクタイを締めている人、ツナギにオレンジ色のアフロヘアの人、南アジアの民族衣装「サリー」を着た人、などなど。皆が自分らしい格好だった。私はショッキングピンクのトレーナーを着て参加した。ボブちゃんはラフなTシャツでやってきてバザールにあったおかっぱのカツラをかぶって、「カリスマ美容師です」なんて冗談を言いながら、受付係をしていた。いつも以上にハイテンションだった。このときはボブちゃんに限らず皆が変なテンションだったのであるが。

## ボブちゃんを「偲ぶ会」と私たち

同じ年の夏、ボブちゃんも亡くなった。ボブちゃんは自宅でひとりで死んでいた。「臭い」がきっかけで発見されたという。最後に連絡のあった日から推定すると、亡くなったのは9月3日。私たちがそのことを知った時には11月になっていた。誰にも知られずにボブちゃんが死んでいったことに私はショックを受けた。

しかし、ここから新しいつながりが始まった。バザールとお姉さんとのつながりである。ボブちゃんは家族と疎遠になっていた。どこで、どのように生きているのかということもお姉さんは知らなかったらしい。お姉さんはそのことをとても悔やんでいた。ところがバザールにつながって、どのような仲間に囲まれて、どのように生きていたのかということを初めて知ったのだった。

年が明けて2月、私たちは「偲ぶ会」を開いた。もちろんお姉さんも招待した。生前のボブちゃんを知る人が集まって、ボブちゃんの思い出を語り合った。お姉さんは子ども時代の話をした。私たちの知っているボブちゃんには穂積英一という人生があり、お姉さんたちの知っている穂積英一にはボブちゃんという人生があった。それまでバラバラになっていた2つの人生が、このとき合流したと私は感じた。

## 2つの本当の自分

あれから4年近く経ったが、今でも時々ボブちゃんのことを考える。もはや本人に確認する術はないのだが、私は次のように考えている。男としての「あたりまえ」を期待されて苦しんだ穂積英一という人は、家族との縁を絶った。そして、明るいゲイのボブちゃんとしてバザールにやってきて、ここで生きた。

偽名や源氏名で生きられる社会はある。「なりたい自分」を生きられる場所もある。けれども、過去の自分・現実の自分を無かったことにして生きるのは簡単ではない。どちらも決して嘘の自分ではないからである。なりたい自分になったとしても、苦しみや悲しみはきっと消えない。

バザールは「ありのままの姿で受け入れる」ということを掲げている。「ありのままの姿」とは言い得て妙である。ボブちゃんも穂積英一も、その間で苦しむ姿も、全て「ありのままの姿」だからである。バザールは、本名とニックネーム、現実と理想を、ひとつに統合させることのある場所である。「ありのままの姿で受け入れる」とき、このようなことが起こる。「ボブ」「穂積英一」という2つの名前が並んで書かれた「偲ぶ会」の看板の写真を見ながら、いまこのように思う。

## ひとし：人生を変えるたくさんの出会い

ひとしは東京近郊の均質的なベッドタウンで、「サラリーマン家庭」に生まれ育ち、都内の私立高校を経て、大学入学を期に京都へとやってきた。大学2年になる春からバザールでボランティアを始め、大学院生になった今もバザールと関わり続けている。彼はバザールでの出会いを通して家族や周囲の期待や他者に対するステレオタイプから解放され、7年間で大きく変化した。

## 知識を超える出会い

実はこれは私自身のことだ。冒頭で私がバザールでボランティアを初めた当初の印象を書いた。ステレオタイプ通りの人がいるかと思って来たら、実際にいたのは、概ね「ふつう」の人たちだったという話だ。冒頭なので少しカッコつけたが、この時の私のステレオタイプは相当にひどいものだった。LGBTQの人たちに対して私は、いわゆる「オネエ」や「オカマ」のイメージを捨てきれずにいた。その言葉を使うことはなかったし、知識としてはそれだけでないことを知っていたが、テレビのイメージと実際のLGBTQを切り離せずにいた。また、依存症の人たちに対しても、いわゆる「ヤク中」「アル中」のイメージを抱いていた。そして、日本に住む外国の人たちに対してはイメージすらなかった。それまで知っていた在日外国人といえば、企業の駐在員や大学などの研究者であり、それ以外の外国人の存在や生活についてはほとんど考えたこともなかったのである。

7年前の私も、この社会の有様に憤りを覚えていた。LGBTQや依存症や外国人や子どもの人権について関心も持っていた。しかしそれはなんだか上から目線で、どこか他人事だった。私はこうした人たちと現実に関わり合うことなく、知識だけ持って憤っていたのだ。

これは私個人の問題ではないと思っている。言い訳するわけではないが、それとわかるかたちでテレビに登場するLGBTQは「オネエ」や「オカマ」であったし、学校では薬物を使用すると「脳をおかされて、心も身体もメチャクチャになる」(1)と教えられてきたからだ。また、分断と同化がいびつに進んだ社会の中で、私が育ったようなベッドタウンにニューカマーの外国人は少なく、数少ない外国の人たちも祖国のライフスタイルではなく、日本社会に溶け込んで生活をしていた。一見した限りでは日本人と区別がつかなかった。社会には、現実に生きている人々の様々に異なった状況に出会う機会がなさすぎるのだ。確かに同じ社会に生きているのに、ステレオタイプと誤った知識と分断と同化のために、出会うことを阻まれていたのである。

## 変化のプロセス

だが、バザールカフェで私は出会った。そして自分自身が変えられた。その変化はまず、ステレオタイプが崩れていくことから始まった。ここにいる人たちが「オネエ」でも「ヤク中・アル中」でも「危ない人」でもないことに気づいたのだ。そして、何人かとは友人のような関係になった。そして私自身は変えられていった。

何が変えられたのか。一言で表現するなら、人の見方が変えられたのである。今、私は人間とは全面的に善であることも、全面的に悪であることも決してないと考えている。ひとりの人間とは、様々な経験や性格やスキルの集合体なのだ。そしてステレオタイプとは、その一部分をあたかも全体かのように見てしまうことだ。

この変化によって私が得た事は多い。社会や組織で高い責任を付与されている人に対しても、社会から排除されている人に対しても、これまでとは異なった態度で接することができるようになった。しかし最も重要なのは、自らに対してもこれまでとは違う見方ができるようになったことだ。私はバザールで異なる現実を生きている他者との出会いを通して自分自身と出会い直したのである。

本章では、私がバザールで出会った何人かの人たちを私の視点から紹介してきた。本章を読んで、バザールにいる人たちの多様性とその魅力を感じてくださった方がいれば著者として非常に嬉しいことで

「京都ヒューマン賞」の受賞式。自分らしい服装で

ある。しかし、バザールが現実と隔絶した理想郷ではないということも最後に付け加えておきたい。

というのも、異なる状況を生きる人と出会うことは確かに重要だが、それは決して楽ではなく、人間関係の悩みも絶えないことだからだ。同じような背景を持ち似たような経験をしてきた人同士であれば詳しく説明するまでもないようなことも、背景が違えば伝えるのに時間がかかってもどかしく、時間をかけても理解し合えないことも少なくない。また、役割や上下関係、明確な規則などによって秩序づけられた場所であれば、自然と解決されたり表面化しないような人間関係の摩擦も、バザールでは問題となってあらわれる。異なった現実を生きる人たちがありのままを尊重しつつ共に生きることの現実は、世間で言われる「ダイバーシティ」ほどキラキラしたものではない。しかしそれでもバザールカフェではバラバラと言い得るほどに多様な人たちが今日も集って、ともに生きる努力を続けている。

**注**

（1）　同志社大学学生支援センター「薬物乱用防止について」、https://student-support.doshisha.ac.jp/student-life/caution/stop-drug.html（2022年11月19日最終閲覧）

3章

# バザールカフェ的ソーシャルワーク実践

「ゆで豚とキムチの盛合せ」
Braised Pork w Kimchee
ゆで豚スライスとTさんの手作りキムチです。

松浦 千恵

## 社会がつくってきた生きづらさの中で生きる

バザールカフェの2軒隣にある保護観察所には「生きづらさを生きていく」という標語が掲げられている。バザールカフェには生きづらさを抱えながら生きている人たちもいるが、その生きづらさは本人に由来するという風潮があるかのようだ。私はこの社会をつくっているひとりとして、出会う人たちと、生きづらい状況をほんの少しでも一緒に抱えられたらと思う。まるで「本人の問題」のように見えているものを「私たちの問題」として考えていくことができれば、生きづらい社会も変わっていくのかもしれない。

### 道端で泥酔していたおじいさん

2022年ある日のお昼前。「千恵ちゃん、仕事やで」とバザールカフェにいた私に何人かが声をかけてきた。言われるままにカフェを出て、バザールカフェの2軒隣にある京都保護観察所の方へ連れられて行くと、お向かいの民家の玄関先におじいさんが倒れていた。傍には空になった500㎖の缶ビールとリュックと紙袋が放り出されている。それらを見て今この人がどういう状況にあるのか、ある程度のことは想像できた。おそらく刑務所から出所し、その足で保護観察所に何らかのサポートをお願いしにきたが、彼が思うような対応はしてもらえずに飲酒して酔いつぶれてしまったのだろう。

泊まる場所がないこのおじいさんを何とかしなければ、同じことが繰り返されるのではないか。とりあえずおじいさんを保護観察所の中で寝かせてもらい、その間に今日の居どころを探すことにした。

## 制度的支援の外側にある日常

1章でも触れたとおり、バザールカフェはこのおじいさんのように、現在の社会で生きることや生活することが困難な状況にある人たちと向き合い、人と人とが支え合いながら共生していくことにチャレンジしてきた。私がバザールカフェと依存症専門の精神科クリニックでソーシャルワークを行うようになって14年になる。医療機関の中では支援者として依存症の人と付き合い、バザールカフェでは仲間や友人として依存症の人と一緒にいる。私が何者であるかによって、同じ人でもこうも知る（教えてくれる）側面が違うのかと、そのギャップに驚きながらも、両輪で学びながらソーシャルワーカーとして働いている。

そもそもソーシャルワークやソーシャルワーカーっていったい何なのかよくわからない、という読者の方も多いと思うので、ここで簡単に説明しておきたい。ソーシャルワーカーとは、社会生活を営む上で困っている人々や生活に不安を抱えている人々、社会の中で疎外されたり生きづらさを抱えている人々に伴走し、関係を構築しながら様々な問題に取り組む対人援助専門職の総称である。

福祉や介護、医療、教育などの様々な現場にソーシャルワーカーがいる。一般医療機関の中ではメディカルソーシャルワーカーとして、精神科医療機関の中ではメンタルヘルスソーシャルワーカーとして存在している。昨今はスクールソーシャルワーカーも認知されつつある。また地域の中で困りごとを抱えている人に関わり、支援を調整したり必要な資源につなぐコミュニティソーシャルワーカーもいる。

人は健康状態の悪化など、個人として困難な状況に陥ることがあるが、同時に環境が原因で困難な状況に陥ることもある。したがって、ソーシャルワーカーは「人と環境との交互作用」に関わること、すなわち人だけでも、環境だけでもなく、それら両方に働きかける視座を持つことが重要だと言われている。

私が実践する、カフェとクリニックでの「両輪のソーシャルワーク」も、人と環境の両方に目を向けることが目的だ。でもバザールカフェでのソーシャルワークは、一般的に知られるそれとはまったく異なり、いわゆる教科書通りの支援の一線を越えてしまっている。なぜそんなことをしているのかというと、社会福祉制度のもとで公的な支援がどれだけ整備されても、その支援にアクセスできなかったり、その支援から外れてしまったり、その中で苦しんでいる人がいたりすることをこれまでに見てきたからだ。

バザールカフェでは、そうした制度的支援から溢れ落ちる人たちの手当てを独自でやってきた。生きづらさを抱えながらもどうにかこうにか生きるためにはどのような場所があれば、どのような人との交わり方があればよいのだろうか。そうした場所をつくるため、私たちがバザールカフェで日々どんな試行錯誤を繰り返しているのか。まずは、カフェでの「ある一日の記録」を紹介したい。

## ある一日の記録：カフェとソーシャルワーク

**2023年1月11日（水）**

**09:30　バザールカフェ出勤**

今日は同志社大学社会学部社会福祉学科の実習生が来る日。看板に今日のメニューを書く。

**10:00　京都府の依存症対策事業の担当者との月1回の打ち合わせミーティング**

バザールカフェは2021年から京都府の依存症等対策のいくつかの事業を受託している。私はそのコーディネーターをしている。これまでの進捗状況報告や3月に開催するアルコール依存症の啓発セミナーの打ち合わせ。約2年にわたり毎月ミーティングをしていると、チーム感が出てくるものである。

### 11:30　バザールカフェ開店

依存症対策事業の担当者を送り出して、カフェの開店時間。ランチを食べにお客さんがやってきた。初めてのお客さんもいるが、2回目のお客さんには話しかけてみたりして。

### 11:45　久しぶりの来店

久しぶりな人がバザールを訪れた。長年HIV/エイズの予防啓発に取り組んできたバザールにも関わりのある仲間だ。久しぶりで会話が弾む。隣の彼は関東でセクシュアル・マイノリティの支援活動をしている。かねてからバザールカフェに来てみたかったそうで、そのご縁をいただいた。

5章で詳述するように、バザールカフェはセクシュアル・マイノリティやHIVポジティブの人の支援を主としているわけではないが、創立当初はHIV/エイズ当事者や支援者がたくさん関わり、情報を交換する拠点のような場所だった。こうした支援機関は増えたにせよ、今も多いわけではない。全国の支援機関とゆるくつながっているのがバザールカフェである。バザールカフェにつながる人が人を呼んでまたつないでくれる。

嬉しいことである。

## 12:00　牧師の山田さんと思い出話

牧師をされている山田さんがやってきた。前回会ったのは、バザールカフェを創立した榎本てる子の4回目の記念会だった。

「体調はどう?」「だいぶ良くなってきたかな」

「そこの大学に礼拝に来たんだよ、久しぶりのバザールに来たくなった。千恵ちゃん（私の名前）に会えるとは思わなかったな」

そう言いながら一緒にテーブルにつき、お互いの近況報告をする。そして、共通の友人である榎本てる子の話をして、久しぶりに彼女を思う時間を過ごす。こんな時間は用意されずに突然ふっとやってくる。

庭のハッサクの木の上にバザールカフェによく顔を出す神学部の学生がいたので、彼に声をかける。「牧師の山田さん、知ってる?」「知らない、紹介して」。

この人とあの人とをつないだら面白そうだなと思えばすぐに紹介する。人と人をつなぐ中継役を担うのも、バザールカフェでの私の重要な役割だと思っている。これはてるちゃん（榎本てる子の呼び名）に教えられたこと。今まですれ違っていた2人ははっきりとつながって、ハッサクの木の下で話を続けた。

## 12:15　赤ちゃん連れのランチ客

気がつけば向かいの席に、赤ちゃんを連れたお母さんが座っていた。私が仕事で行った法律事務所で事務をしていた彼女。法律事務所を辞めて子育てしながら社会福祉士を目指して勉強中。バザールカフェには息抜きでやってくる。勉強と子育ての悩み相談タイムが始まる。子どもにはとっても好かれるげんちゃんが赤ちゃんを抱っこ。その間に彼女は急いでご飯を食べる。

法律事務所にいて自らの進む道を司法ではなく福祉にしたのはなぜか尋ねた。「法律で目の前にある問題は解決するかもしれないけれど、その問題の背景には福祉的課題がたくさんあることを知ったんだよね。そちら側に興味を持ったの」。なるほど、確かに私はおおよそ解決できないものに付き合っている。付き合っていくことが使命かもしれないとひどく共感した。

## 12:45　断酒会会長の来店

京都府の断酒会（正式名称：京都府断酒平安会）の会長がランチを食べに来た。ナイスタイミングとばかりに「お願いごとがあるんですが！」と軽々しく（馴れ馴れしく）、いつものように話しかける。「えーまた！なに、もう怖いわあ（笑）」。前述した依存症の啓発セミナーへの登壇をお願いした。堅いお願いもバザールカフェですると柔らかく感じるのは私だけなのか。

### 13:30　まかないランチ

まかない（昼ごはん）を食べる。今日のメニューは、カオマンガイ、卵焼き、チヂミに焼き餅。「今日は鏡開きの日だからね」と店長の麗華さん。

### 14:00　久しぶりの電話

スタッフから呼ばれて電話に出る。「サロン・ド・バザール（以下サロン）」に関する問い合わせだった。以前にサロンに参加したことがある人だった。「久しぶりです。覚えていますか？」。サロンについては後ほど説明をする。

### 14:30　鈴木さんへの電話とにんじんケーキ

知らない人から「鈴木さんいますか？」との電話。「A病院に入院していたのですが、バザールカフェに鈴木

バザールカフェのある日のランチ

さんがいると聞いたので電話してみたのですが」。鈴木さんとこの方の間を取り持つ。

麗華さんから、にんじんケーキの試作品をもらう。お手製のチョコレートソースが美味しい。麗華さんは時々こうして、突然美味しいものをつくってくれる。

**15:00　寄付が届く**

上京区社会福祉協議会の職員さんが、紙袋いっぱいの生理用品を持ってこられた。個人商店の薬局さんからの寄付だそうだ。バザールカフェを地域の広報紙に掲載してもらうなどしてお世話になっている。ちょこちょこっとご挨拶。

**15:20　すーさんの断酒記念日**

麗華さんが事務室のドアを開けて突然、「今日はすー

いろんな人に会いに行ったり迎えに行ったり…

さんの3年のバースデー！」と言う。ここでいうバースデーとは断酒した日から数えた年数である。アルコール依存症のすーさんが断酒を始めて3年の節目にぜひお祝いせねばと、急いでケーキ屋さんに電話をかける。麗華さんはカフェでつながった人たちの重要な日をよく覚えている。

## 15:35　実習生たちからの催促

「千恵さん！実習簿のフィードバックお願いします！」「千恵さん、実習簿返してください」。同志社大学の学生さんから声を掛けられる。彼らは社会問題実習という授業を選択し、1年を通して毎週カフェの運営を手伝いに来ている。毎年数名やってくるのだが、今年は3人を受け入れた。バザールカフェでたくさんの出会いを持つことは、学生たちにとって何よりも自分自身を知る機会になっているようだ。実習簿でのやりとりを通して、その言語化のお手伝いをするのが私の役目である。あれこれと対応に追われ手がふさがっていたので「ごめん、今日は余裕がない！今週のどこかでバザールに来られる時ない？」と慌ただしく返事をした。

## 15:45　ケンジさんからキャッシュカードを預かる

またもや麗華さんが事務室のドアを急に開けて、「ケンジさん来たよ！」と嬉しそうに言う。ドアの外には2週間ぶりにバザールカフェに来たケンジさんがいた。昨年末、「暇だと飲んじゃうんだよ。だからお金を預かってよ」と話していたケンジさんは、入ってくるやいなや「（キャッシュ）カード預けておくわ。今年初、ようやく松浦の顔を拝めたから帰るわ。ありがとう！」とひとこと。バザールカフェ滞在時間は1分強だった。

## 16:00　大学生の学習支援サークル「満天」

大学生と小中学の子どもたちがやってきた。２０２２年の8月から始まった「満天」。勉強するだけでなく、子どもたちの居場所となるような場をつくりたいと、学生が始めた学習支援サークルだ。毎週来る子どもたちの目的は、一人ひとりばらばらである。みっちり勉強している子もいれば、大学生のお兄ちゃんとお喋りしにきている子、庭でサッカーをやるために宿題を必死にする子、エネルギーに溢れている。回を重ねるうちに、まだ日本語がうまく話せない外国籍の子どもたちがやってくるようになるなど、学生たちはバザールカフェ同様、試行錯誤しながらどの子どもたちも受け入れて向き合っている。始めてみると予想しなかったことが起きるものだ。

## 17:00　すーさんのケーキを取りに行く

麗華さんと予約していたケーキを取りに。その足で3年のバースデイを祝いにすーさんの自宅へ。「3年間、何回も飲んだろかと思った。でも飲んだら全てが終わる。次は娘を失うことになると思うねん」と話すすーさん。去年まではバザールカフェで一緒にお祝いをしていたのだが、今年に入ってバザールに来られない日々が続いていた。「今年は独りで祝わなあかんと思って悲しかってん」と呟く様子を見て、来てよかったなと思った。

## 19:15　気になる福さん

「今、福さん家に行ってきましたが、やっぱりいなかった。いつも着ている赤のジャンパーを部屋に置いたまま。大丈夫かな」とカフェのボランティアをしている学生から話を聞く。ちょっと前から近所に住み始めた福さん。3カ月ほど前、バザールカフェのすぐ近くで泥酔して倒れていた福さんに出会ってからの付き合いである。担当のケアマネージャーに今日のことをメールで報告する。どうにか福さんの様子を確かめたいですねと話し、明日訪問する段取りを考える。

このように様々な「人」と「場」が交差するバザールカフェは、私がソーシャルワークを実践する最大の資源だと思っている。ソーシャルワークをし

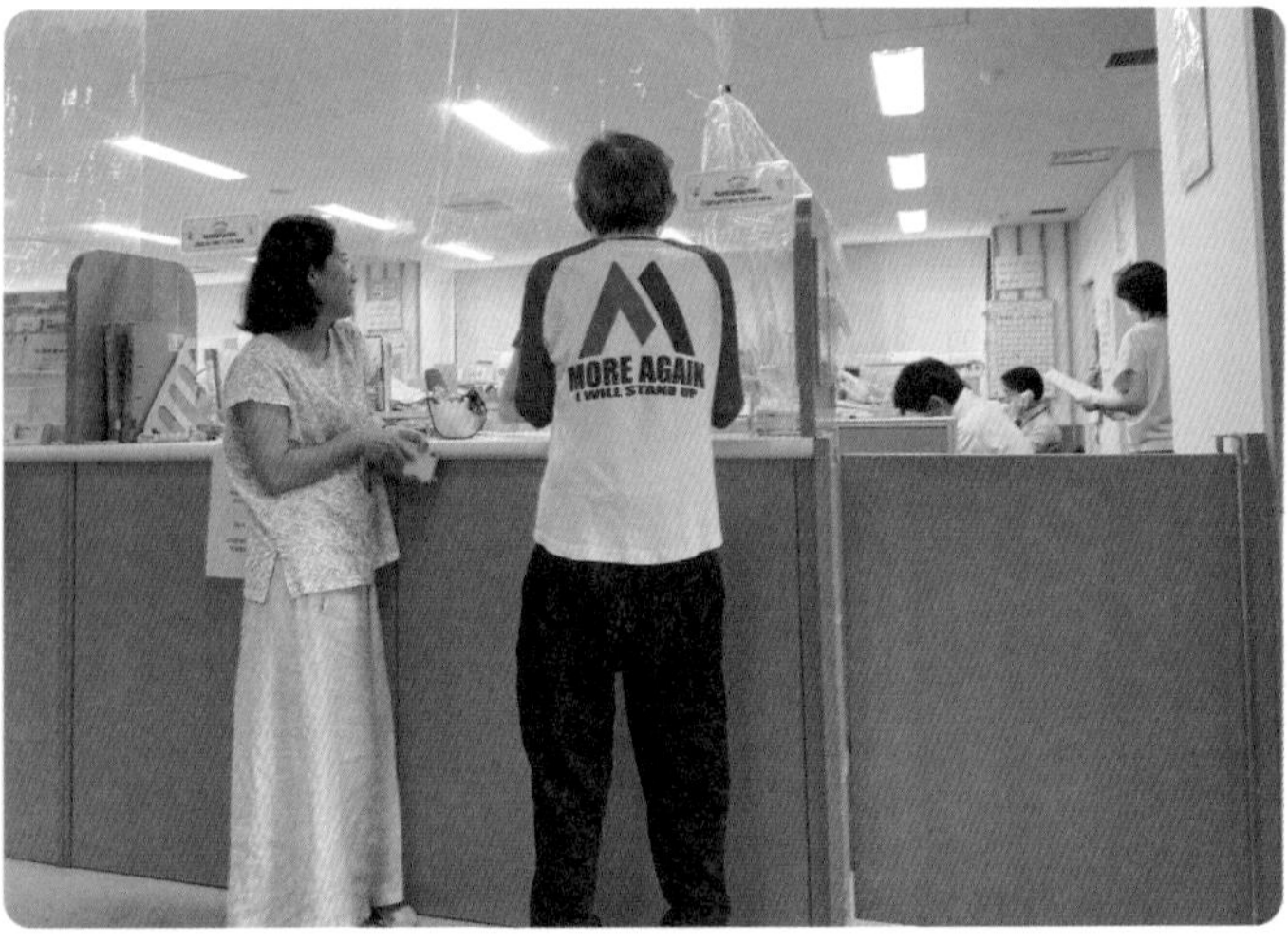


一緒に役所へ行く

ていない時ももちろんだが。

バザールカフェは、この場所がなくても生きられるけれどあったら嬉しいという人と、この場所があるから何とか社会とつながっている人の、両者が共にいられる場だ。まずは誰かにつながること、そして次に「場」につながることがとても重要だ。「場」につながるということでさらに幾人もの人とのつながりが生まれる。それは点でもなく、線でもなく、面に支えられている感じで、安心感がある。

# ソーシャルワーカーの葛藤

## カフェスタッフから精神保健福祉士へ

バザールカフェで働くようになったのは20年程前、まだプラプラしていた22歳頃のことだ。「なーなー手伝ってくれへん?」榎本てる子は魔法の言葉を持っていた。医者である私の父と榎本はHIV/エイズの支援活動を共にする仲間であった。父から榎本を紹介され、意気投合し、カフェの仕事を任されるようになった。依存症の仲間にもこの頃から出会い始めた。当時は依存症がどういうものなのか、そしてなぜその人たちがバザールカフェに毎週来て一緒に庭作業をするのか、まだあまり関心がなかった。

24歳の年に、バザールカフェで働きつつ大学に通い始めた。同志社大学社会学部社会福祉学科で学び、精神保健福祉士として今の仕事を始めたのも、榎本てる子の勧めがあったからだ。実習に行った先が依存症専門の精神科クリニックで、卒業後は縁があってそこで働くことになった。

クリニックで働き始めて、私はいわゆるソーシャルワーカーとして、治療のための面接で初めて患者さんと出会うようになった。なぜ来院されたのか、まずはその人の困りごとを聞かせてもらい、その人の置かれた環境や課題をアセスメント（分析）し、関わりの方針を立てる。これがケースワークの始まりだ。ソーシャルワークの三大技術としてケースワーク、グループワーク、コミュニティワークというものが挙げられるが、診療所のソーシャルワーカーの主な仕事はこのケースワークである。

たとえば金銭的に困っていれば、申請できるいくつかの支援制度の活用を考え、生活保護が必要と思えば生活保護につなげるために一緒に役所に行く。あるいは障害年金の書類作成を一緒に進めたり、仕事を探したりすることもある。しかし、その前にもっとも大切なことは、なぜ金銭的に困っているかを考えることである。アルコール依存から生活の中に様々な歪みができ、いろんなものを失い、その結果として仕事を失い家族を失い困窮している人の場合、「生活保護につないだから一件落着」とはならないわけである。即座に解決できない課題の背景を知って、クライアントと共に生活の基盤をもう一度つくり直す作業を行う。ただ話を聞くことしかできないことも多々あるのだが、必要と思えば同じひとりの人と毎日面談を行うこともある。

グループワークも重要な仕事だ。とくに「デイケア」を行うクリニックは力の出しどころである。診察が個別の治療であるとするなら、デイケアは集団の治療の場と言える。患者さん同士が相互に影響し合い、共感できる他者の存在を得て自分たちの力をとり戻していく。そのような集団の力をケアの力に変換する場づくりを促進することがソーシャルワーカーの役割である。また「家族教室」や「初診者ミーティング」といった目的別の様々なプログラムが用意されており、その運営もソーシャルワーカーの仕事である。ソーシャルワーカーは組織の一員として、前述のようなことを医療制度の枠組みの中で実践する。

## 医療従事者として感じた限界

ソーシャルワーカーは社会福祉学を基盤にした職種である。つまり医療機関の中では唯一、患者さんに「病気の人」としてではなく「生活者」という視点で接する職種である。しかし、そこには矛盾がある。暮らしの場でその人と関われば「生活者」の視点が抜け落ちることはないだろうが、クリニックの中だけだとどうも「患者さん＝病気の人」になってしまい、病気を抱えながら暮らしていくには？という思考より、何とかこの病気を治したい、と医者のようなことを考えてしまう私がいたりする。

またクリニックにおいては、外に出て自宅訪問ばかりすることは、たとえその患者さんにとってどんなに重要であってもあまり良しとされない。少なくとも私はそう考えている。自宅訪問は現行の医療制度で評価されない、なぜなら診療報酬（お金）が発生しないからだ。また、看護師ならば訪問によって診療報酬が得られるが、ソーシャルワーカーでは得られないこともある。つまり医療従事者としてのソーシャルワーカーは地域に出ていってもお金を産まないのである。そもそも外に出ていく時間がないのも現実である。勤務時間は基本的に9時から17時まで。その中で一生懸命患者さんに関わる。しかし、人の生活は17時以降も続いていく。日が暮れて周りが暗くなっていく。日中は電話がつながる先もあるが、夜間はほとんどない。そんなことが不安を増幅し、飲酒をしてしまうとか、逃げ場のない時間はストレスの矛先が家族の誰かに暴力という形で向かうこともある。日曜日は休診日。この週末乗り越えられるだろうかという電話を土曜日にうける。

患者さんとの間にはっきりとした境界線を引き、支援者として被支援者である患者さんに対面する。個人的な連絡先を渡すことも基本的にはしない。17時以降や休日にどうしているだろうと考えても、それに対して行動を起こすことはほとんど不可能である。多くのソーシャルワーカーはそのような葛藤を抱えながらも、仕事と生活を分けてソーシャルワーカーという職業をしているはずである。

目の前の患者さんに1対1で関わり、自分がなんとかしなければいけない。一方で自分のキャパシティを超えてはいけない、溢れてはいけない。常に冷静でいなければならない。患者さんとの関係にもきちんと線引きをしたうえで最善のケースワークを。人だけでなく環境も大事だから組織や社会の中でもおかしいことには声をあげて…。そんなことを真面目なソーシャルワーカーほど考えている。こうあるべきだと教えられてきたようにふるまえばふるまうほど、理想の「支援」から離れ、現実を線引きするむずかしさを突き付けられてきた。

## 治療と支援のあいまいな境界

就職して数年間は、クリニックで働きながら前述の業務を必死にこなしてきた。でもケースワークをやればやるほど、その人の環境の課題や家族の課題を知ることとなり、組織で求められている役割以外のことに手を出してしまったり、勤務時間の中では収まりきれないことが起こってきたりして、本来はタブーとされるような行動をこれまで色々とやってきてしまった。飲酒をすると、子どもに虐待をしてしまう患者さんのSOS先として個人の電話番号を伝えたこともある。警察沙汰になる時は大抵夜間である。夜中に駆けつけたこともあった。食事をするお金がなければ、私がご飯を買って一緒に食べた。

医療機関のソーシャルワーカーは本来、しかるべきタイミングで地域のソーシャルワーカーにつなげて役割分担をするのが鉄則だ。でも人をつなぐというのはそんなに簡単ではない。支援を受けてきた人の中には、支援者から傷つけられ、そもそも支援者を信頼することを諦めてきた人もいる。そんな人の前に支援者として立ち、また支援者につなぐことは容易ではない。医療機関のソーシャルワーカーとしては一線を越えていると言われてもおかしくないことをやってきたのはそのためだ。たとえば、患者さんが逮捕された時にどこまで関わるのかというのも、ソーシャルワーカーとして境界線をどこに引くか、どこまで関わるべきかを問われる。主不在の荒れた部屋を代わりに片付ける、裁判の情状証人として出廷する、身柄引き受け人になる…。治療の域を超えた対処が次から次へと必要になる。

助けてくれる身内がいるとか、友人がいるとか、ほかに支援者がいるとか、そんな人であれば私の出番はない。助けがない、身寄りのない人が私の目の前にやってきた時に、どこまでするのかが問われる。クリニックで出会った患者さんなら、当然私ひとりでは決断できるはずもなく、ソーシャルワーカーとしてなぜそれが必要か、院長に説明し納得させなければならない。うまくいく保証もないし、それに応じた負担も発生する。そんな不安やもどかしさを抱えながらいつしか、クリニックの仕事としては認められない時はバザールカフェの松浦として関わるようになっていった。どのタイミングでクリニックの松浦からバザールカフェの松浦に変わったのか、実は私自身も曖昧だったりする。

# バザールカフェにあるコミュニティワーク

## 目の前にいる人をどこまで支援するか

医療機関のスタッフとして、あるいはソーシャルワーカーという専門職として、本来越えてはいけない線を越えて目の前にいる人と付き合ってきた。たとえば個別に連絡を取るとか、9時から17時以外の時間に話を聞くとか、その人が家にいられない時にバザールカフェで一緒に過ごすとか、そのようなことである。

医療機関での限界の先をバザールカフェという場で実践するようになって、なんでそこまでやるのかと問われることも多い。出会ったから、としか言いようがない。やらない理由がない、誰かがやらないといけない、と言えば良いように聞こえるが、要はここからここまでが私の仕事です、と線引きすることができないのである。

ソーシャルワーカーの葛藤にはバウンダリー（境界線）の問題が大いにあると思っている。「普通」はここまでしかしてはいけないということが多い。でもバザールカフェではその「普通」がない。ここまでは良くて、ここからはダメというものが規定されていない。だから、何をすればいいのか、どこまですればいいのか、それらは全て私に委ねられている。でも先に述べたように、自分だけで関わっていけば限界がやってくる。その漏れ出た部分をバザールカフェという場とそこにいる人がなんとかしてくれるという漠然とした信頼感がある。この漠然とした信頼感に関しては、後ほどもう少し書くこととする。

高校生の時、父の影響でＨＩＶ/エイズに関わるボランティア活動に携わった。それは初めて自分の価値観が揺れた経験であった。それまで頭の中で理解しようとしていたゲイ男性や血友病の人や、ＨＩＶポジティブの人にリアルで出会うことになったのだから。十数年しか生きていなくても社会のマジョリティの思考が内在化されている自分、偏見を持っている自分、差別している自分、あたかも偏見や差別心など持っていないかのように振る舞う自分に嫌気がさすと同時に、自分の知らない世界があるということを知った時、心に少し風が通ったように感じた。きっとバザールカフェでそんなことを感じてきた人はたくさんいると思う。

## 関係性の越境　―ちょっと一線越えちゃっていること―

診療所で出会った患者さんをバザールカフェにつなげることも多い。たとえば「ある一日の記録」に

大雪のお庭。大雪でも人は集まる

ただ一緒にいる

出てきたすーさんやげんちゃんもそうだ。

げんちゃんはアルコール依存症でクリニックに通院してもう10年以上になる。診療所に来た当初から居場所を求め診療所のデイケアに通っていたが、どうもげんちゃんはデイケアが嫌いなようだ。「ボーと座ってるだけで何もしよらん」「もっと自分から動けや」とほかの患者さんに対しても文句を言う。当の本人はというと、朝から診療所の前の道路を掃いたり、水やりをしたり、便利屋みたいにちょっとしたものをつくってきたり、とても「役に立つ」患者さんである。自発的に「役に立つ」ことをしてくれるわけだが、「役に立った」からには労いの言葉が欲しいものである。スタッフへの要求は大きくなり、その結果、彼はデイケアにいづらくなった。バザールカフェを紹介し、今日に至る。

既存の資源にうまくつながる人もいれば、そうではない人もいる。自分に合う場所や人と出会えればラッキーだが、合わなくても仕方なくその場所に行っている人もいる。私が関わる患者さんの中で、バザールカフェが合うかもしれないなぁと思う患者さんにはバザールカフェを紹介してつなぐことをしてきた。しかし、バザールカフェにつなげることはクリニックでの仕事の範疇を越えることでもあり、「クリニックのソーシャルワーカーとしての私と患者さん」という通常の関係性を越境してしまう。

実は患者さんとクリニック以外の場所で会うこと、プライベートにより近い側面を見られるということに自分の中でも躊躇がある。なぜならば患者さんがもつ一般的なソーシャルワーカーのイメージを、全部とは言わないが少しは私自身もそれを内在化し、その特権性をなんらかの形で行使しているからだ。

バザールカフェの仲間にはバレてしまっている、いつも子どもに怒っている自分、家がぐちゃぐちゃな自分、金銭管理が苦手な自分を隠し、患者さんの前では「ちゃんとしている人」、あるいは「正解を知っている人」を装って、ソーシャルワーカー然としている。

げんちゃんに関していうと、ありがたいことに彼の方が私に対してきちんと線引きをしてくれている。バザールカフェでは「千恵ちゃん」と呼び、クリニックでは「松浦さん」と呼んでくれる。本来線引きすべきは私なのだが、そんなことができないくらい内と外が曖昧で、そんなことがほかにもたくさんある。

## 関係性の越境 ―完全に一線を越えてやっていること―

冒頭で紹介した「ある一日の記録」では、たまたま久しぶりの人が来たり、ある人のとても重要な記念日だったりした。何人かとはクリニックのソーシャルワーカーとして出会い、今となっては完全に支援者という線を越えて関係性を持っている人を何人か紹介する。

### ・断酒会会長

まずは京都の断酒会の会長さん。バザールカフェでは京都府の依存症に関わる事業のいくつかを受託し、そのコーディネートを引き受けている。その縁で一緒に仕事をする関係だが、会長はただランチを食べにも来る。何かの打ち合わせでもバザールカフェを使ってくれる。私が電話で相談があると言えば来てくれる。医療機関に勤めているだけの私では、このようなお付き合いをさせてもらえなかったかもしれない。いや、私が勝手に線を引いていたかもしれない。医療機関と自助組織である断酒会。その境目には見えない大きな壁がある。少なくとも私はそう感じていた（そうではない地域もあるだろう）。でもバザールカフェは不思議なところだ。バザールカフェで出会えば、それまでの付き合い方がなんとなく変わって少し仲間になったような気分になる。いい意味で距離が縮まるようだ。

### ・鈴木さん

鈴木さんの居場所を尋ねて電話をくれた人がいた。鈴木さんは自分の日中の居場所として、入院中の彼女にバザールカフェのことを伝えていたようだ。鈴木さんと私は、依存症でつながった当事者と支援者であり、今では友人でもある（まだまだ友人としてはぎこちないが）。後日、鈴木さんと彼女はバザールカフェで会うことができた。そして一緒に自助グループにも参加したという。知らないところに電話をするのは勇気のいることだ。この時の電話に出られたことに感謝する。タイミングは本当に重要だ。知らないところに足を運ぶことは、もっと勇気のいることかもしれない。バザールカフェは当事者同士が安心して出会える場でありたい。そして、その間をつなぐ橋渡しの役目も担いたいと改めて思う。患者さんと友人になれるなんて、とてもハッピーである。

**・ケンジさん**

閉店間際に私を訪ねてきたケンジさんは依存症である。私が働くクリニックで出会い「支援」してきた人だ。最近バザールカフェの近くに引っ越ししてきた。「何もしない時間をどう使ったらいいかわかんないんだよ。暇だと飲んじゃうんだよ。だからお金を預かってよ」。しかし、一般的なクリニックではお金を預かる支援はしない。でも、依存行動が止まらない人の金銭管理をどうするかということは非常に重要な問題だ。お金が入るということが依存行動への引き金になる人は少なくない。そして、依存行動が止まってからもしばらくは本人と共同で管理して、お金の使い方を練習していくことが必要な人もいる。彼は最近バザールカフェで週1回ボランティアをするようになった。お金の管理だけでは依存行動は止まらない。生活のサイクルを整えていくこと、そして「人の中にいる」ことの再チャレンジを始めた。

**・すーさん**

すーさんは私がクリニックで患者さんとして出会った人だ。出会った頃はまだ幼さの残る小学生の子ども2人をシングルで育てていた。必死に生きてきた中でのアルコール依存症発症であった。彼女が辛い時や苦しい時、頑張りが必要な時、アルコールはガソリンとして彼女に必要不可欠なものだった。「ママがまたお酒飲んで怖い！」子どもがクリニックに駆け込んできたこともあった。夜中に警察から電話がかかってきて、子どもたちの様子を見にいくなど、次第に彼女とその家族に深く関わるようになった。彼女が断酒を決意して3年、この間バザールカフェにつなぐことも試みた。彼女がいられる場所になればという思いと、依存症のしんどさを知っている麗華さんであれば彼女も心をひらくのではないかという思いからであった。

最初のうちは私の願いどおりバザールカフェに通ってくれたものの、長くは続かなかった。「ここは私の居場所」だと思えば思うほど自分と他者とを比較し、自分を責めた。その結果苦しさが増し、引きこもってしまった。このようにバザールカフェという場所の特性に対し過剰に適応してしまう人もいる。

それでも必要な時は連絡をくれるので、違う形でのつながり方を今も模索中である。そんな中での断酒3年記念。お祝いしないわけにはいかない。嬉しい気持ちと同時に本当にすごいなと感服もしている。麗華さんと買ったケーキを届けにいった。家にいた子どもたち2人と一緒に「おめでとう！」と伝えられてよかった。

## 支援する・されるの関係を越えて

支援から始まる関係もあれば、本来支援の場で出会うはずの人たちと、バザールカフェで最初に出会うこともある。

あるＨＩＶ拠点病院から「サロン・ド・バザール（以下サロン）」を紹介されてきた人がいる。薬物を使わないで生きたいと願いながら止められず、ひとりで「薬物依存症」と闘ってきたヨシタカさんだった。人の中にいることが極端に苦手であるにもかかわらず、もう何かに頼るしかないという極限の選択でカフェを訪れたことは、後に彼をよく知るようになってわかったことだ。１年以上、毎週大阪からサロンに参加しにやってきた。１年経った頃だったと思う。私はちょっとした気持ちで、子どもを家で見てくれないかと彼に頼んだ。大した意図はなかったが、これは支援者・被支援者の関係を完全に越境している。後に「こんな俺（薬物依存で何度も刑務所に入っている）に大事な子どもを預けることも、家にあげることも、どうかしていると思った。俺が何か悪いことをするとか思わなかったのか」と彼は私に言った。そう言われると、なるほどそうかと思ったが、同時に彼自身が、自分のことを人から信用されない悪い人間と思っていることも知った。とはいえ、このなんとも非常識なお願いは、結果として彼との関係をつくっていく上で大きな出来事になった。私はこれをいいことに、子どもの保育所の迎えまで頼むようになり、もはや私にとってだけではなく、子どもたちにとっても重要な人になっている。

　ちなみに関係性の越境は私たちだけにもとどまらなかった。彼はここ7年、毎年のように群馬県で米農家を生業にしている私の夫の実家の田植えの手伝いに行っている。サロンに来て1年経った頃、田植えの手伝いに行きたいとヨシタカさんが言い出した。夫の両親は何者かわからない人を受け入れてくれた。群馬の人たちの期待を大きく裏切り、次の年からは「田植え時期に京都から来る大型助っ人」としてその辺りで有名な人となった。人との関係ってこんなふうに広がっていくんだなあと、しみじみと思ったものである。

　ヨシタカさんとの関係性は、越境どころか、もはや支援する・されるの文脈におさまらない。しかし、バザールカフェで出会うとこんな関係にもなれたりする。

# バザールカフェにある漠然とした信頼感

## 自分の周りにいる誰かの存在に気づく

２０１５年、これまでにない場をつくろうと仲間と意気込み、あるミーティングを立ち上げた。ＨＩＶポジティブのゲイ男性で薬物使用をやめたいと思っている当事者が集まる「サロン・ド・バザール」だ。

当事者と一緒に始めたソーシャルアクションにおける、唯一の非当事者として、どのように振る舞い役割を持つか悩み、ファシリテーターとしての役割をしようと必死にもなった。仲間と一緒に立ち上げたと言ってもお互いに気を使い合うような関係で、本音で話をすることができず、ひとりで悪戦苦闘していたように思う。そのような活動を続けてはいたものの、なかなか新しい仲間もつながらずマンネリ化のような状態になり、サロンの価値を見失いかけていた頃にパンデミックがやってきた。コロナ禍になり改めて自分たちが何をすべきか、何を求められているかなどをよく話すようになってようやく、ひとりではなく仲間と一緒にやっていたことを実感した。同時に、自分が支援者としてその場にいることはほとんどなく、一参加者として紛れ込んでいることに気がついた。その場で話される内容は様々で、聴いた仲間それぞれが、自分の経験や知識として知っていることを話す。私も自分の経験や知識で応えたり、ただ聴きっぱなしの時もある。ソーシャルワーカーとして何か話さなくてはという気構えも、ほとんどなくなったように思う。コロナ禍でも頻度や形を変えてではあるが継続してきた。

　こうした活動を続けていてよかったと思えたのが、「ある一日の記録」に出てきた、コロナ前に数回来て、それ以降音沙汰がなかった参加者からの電話の件である。後日、開催日に現れた彼は、コロナ禍になったある日、突然仕事が無くなり、薬物使用が止まらなくなったことを話してくれた。ひとりでいたら歯止めが効かない、依存から抜け出したい、仲間の中にいたい、とサロンを思い出してくれたとのことだった。

　誰しも気づかないまま、自らを孤独に追いやることがある。私自身、頼れる仲間がバザールカフェにいてはじめて、何かを始めたり続けたりできるということに気づくまで随分時間がかかった。たとえ「仲間」の中にいても、しばしばそのことを忘れてひとりでなんとかしようと思い詰めてしまうことがあるのもまた事実だ。

## 60歳差の友人たち

仲間がいてこそできる支援があると改めて認識した出来事がもうひとつ。「ある一日の記録」の最後に出てきた福さんとの出会いだ。あの時泥酔して横たわっている彼を見て、バザールカフェにつなげば何とかなるかなぁ、とぼんやり思った。もちろん確信などなかったし、今もこれからどうなるかわからない。

まず、無理をお願いできるソーシャルワーカーがいる精神科病院に受け入れの電話をして、「バザールカフェの近辺で居宅設定してくれたら後のことはこちらが全部するからお願い」と頼み込み、何がなんでも入院させてほしい勢いでその後の対応を買って出てしまった。帰る先のない人の入院を躊躇する医療機関は少なくない。ほとんど無理矢理だが、どうにか福さんを入院させてもらうことができた。

退院後のことは全部なんとかすると言ってしまった以上は後戻りできないが、帰る先を確保するのは簡単ではない。借りられる家を探すだけではなく、そこでその人が生活していけるよう、ゼロから様々な段取りをするのはかなりの労力を要した。ただ、福さんに関わることを選んだ私には、全てを言わなくても一緒に福さんに関わってくれる仲間が2人いた。2人は学生である。退院したその日から、ひとり暮らしになった福さんが寂しくないよう代わる代わる自宅を訪問し、他愛のない会話をするなど、福さんのサポートを担ってくれている。福さんも、60歳ほど歳の差がある2人の学生を友人のように思っている。ちなみに40歳以上年下の私のことは「松浦のねえさん」と呼んでくれる。

もしバザールカフェがなかったら、もし仲間がいなければ、あの時泥酔して横たわっている福さんを見て私はどう行動しただろうか。医療機関につなごうとはするかもしれない。でも、それをしたところでまた同じことの繰り返しだろうと見て見ぬふりをしたかもしれない。もちろん、道端に倒れた人をいつでも支援できるわけではない（この日たまたま時間があったのだ）。とは言え、福さんが37回も刑務所に行っているという事実は衝撃的だった。そして、何の支援もなく出所してこられた事実もやっぱりおかしいと思った。これまでも福さんが使おうと思えば地域生活定着支援（高齢又は障害により福祉的な支援を必要とする矯正施設退所者などへの地域生活定着促進事業）といった制度があるにもかかわらず、本人がその制度を使えるような適切な支援はなされてこなかったようだった。使う必要がある人が使えない制度なんて、どんなに素晴らしい制度でも意味がないじゃないか！ いろんなことに憤って、これは私を含めた社会の問題だという思いを強く持った。でもその一方で、「あー、また時間と労力とお金がかかることを引き受けてしまった…」という思いがあることも正直に書いておく。いずれにしても福さんとの出会いは「支援」とは何かを問い直す出来事でもあった。

## 無免許ソーシャルワーカーの麗華さん

私が抱くバザールカフェへの信頼感のど真ん中にあるのが、麗華さんの存在だ。彼女のバザールカフェでの役割は「店長」である。週5日出勤し、バザールカフェを開いて閉じる。メニューをシェフと相談して考え、買い出しをする。そしてシェフがいないときは料理もつくる。日替わり料理は基本的にはその日のシェフが母国の料理をつくるのだが、麗華さんは全ての料理をつくることができる。なぜならシェフが急に休んだ時はシェフとなってその日の日替わり料理をつくるからである。そして、お客さんの予約も管理し、貸切のコーディネートだってする。この辺りまでは、なるほどカフェの店長と言われればそんなもんかと思われるかもしれない。

しかし、ここからが普通のカフェにはない役割だ。カフェの切り盛りに加えて、バザールカフェで働くボランティアのコーディネートやケアをしている。一口にボランティアと言ったが、いろんな人たちがいろんな窓口からやってくる。ボランティア募集を見て、大学の先輩に誘われて、行政の就労支援の一環として、バザールカフェで行っているそのほかのプログラムからつながってくる人もいる。窓口は多様だが、ボランティアでくる人たちの中には、自覚的であるかどうかは置いておいて、何らかのケアを必要としている人たちが少なくない。ケアの必要の度合いは様々である。私たちの関わりだけではむずかしいと思われる精神的なケアが必要な人から、外から見ると日々の生活にこれといった問題はないように見えるが、実際は誰かに話を聞いてもらいたかったんだなぁと思えるような人までその幅はとても広いものである。

ケアというと想像するものが狭くなってしまうが、もっと噛み砕いて言葉にするなら、手当て、あるいは人との交わり、というようなこととして捉えていただきたい。初めてボランティアに来た人にはキッチンに入ってもらうことが多いのだが、麗華さんはその人とその環境（そこに居合わせたほかの人たち）に応じた配慮や声かけをし、その時その人ができる役割を適切に任せることができる。これはまさにソーシャルワークではないか。

麗華さんが店長になったのは２０１７年だ。バザールカフェに来たのはそれよりも10年以上前のことで、初めて会ったときの私の印象は、まさに「ケア」が必要な人だった。誰かと心を通わそうという意志がないような、いや、通わしたくないという意志を持っている、そんな印象を受けた。バザールカフェに来るまでも、そして来てからも様々な困難を抱えていた彼女は、その後飲酒をどうにもコントロールできなくなってアルコール依存症の専門病院に入院することになる。

10年前に退院してから今日まで、彼女はアルコールを飲まないでいる。飲まないで生きるため、相当な努力をしてきたはずだ。自分と向き合うために他者と向き合うということを、このバザールカフェの中で実践してきた彼女は、人を受け入れるしなやかな強さが身についているように私には思える。「しんどい。ちょっと助けて」と言える強さもある。

そんな彼女がバザールカフェにボランティアで来ている人たちのその日の様子を見て、ちょっと声をかけ、必要な時は腰を据えて話をし、そしてしばらく姿を見なくなった人ともやりとりをしていたりする。人と人との間に見えない争いが勃発した時には、その中に入って根気強く話を聴いている。私には気づくことができないちょっとした変化をキャッチして、私に教えてくれることもある。麗華さんの存在は、私が「バザールカフェがあればなんとかなるや」と思える大きな要素のひとつである。

## 誰も排除しないという信頼感の正体

バザールカフェにつながったらなんとかなる。私がそう確信できるのは、ここまで紹介してきた仲間の存在に加えて、これまでも何度も「何とかなってきた」事実があるからだ。だから、すーさんも、ヨシタカさんも、福さんも、何とかなると思えた。そう思える一番の根拠は、バザールカフェの中に「誰も排除しない」という土壌があるからだと思う。

6章に詳しいが、バザールカフェという場は立ち上げ当時から多くの人が関わってきた分、たくさんの意見や考えが持ち寄られて混ざり合ってきた。場を継続していくなかで関係者の意見が食い違い、メンバーが離れたり入れ替わったりを繰り返し、むずかしい局面は何度もあった。でも、うまくいかない時ほど初心に立ち返り、人と人の違いを肯定したい、皆ただいることに価値がある、という文化を尊重してきた。そんな場にはやっぱり力が宿っている。複雑で雑多な場の空気は、どのような人が紛れ込んでも大丈夫だという安心感をつくっているし、自分でどうしようもなくなっても、バザールカフェというコミュニティに委ねたら必ず受け止めてくれる、そんな度量があるように思う。

「場」は空間だけで価値をなすものではない。その空間に人がいて、価値が生まれてくるものだと思う。気にいらない、気が合わない、嫌い、嫉妬する、そんなものは誰もが誰かに対して持っている。その感情に振り回されながらも、でも決して排除しない、対話し続けたい、そういう思いを共有してきた。理解したいという思いを持ちながら、同時に理解できないという思いも交差する。理解し合えないかもしれないが、理解し合わなくても人は共存していける。そういう前提でこの場があることが、「誰も排除しない」という圧倒的な信頼をつくっているように思う。

# 私の役割とバザールカフェが目指すもの

## バザールカフェと人との接着剤になる

私の役割はひとことで言うと、人とバザールカフェをつなげる接着剤のようなものかと思う。ヨシタカさんがサロンに毎週参加していた頃、私は彼をバザールカフェにつなげるためにはどうしたら良いかを模索していた。サロンの中の人間関係だけでは限界がある。つながりたての時は、こんな場があってありがたいという思いを抱くが、距離が近いために次第に窮屈になっていくことが多い。バザールカフェでは共通の当事者性を持った人との交わりだけではなく、多様な人との交わりがある。こうした交わりの多様性は窮屈さを回避することにつながっている。

私はヨシタカさんがバザールカフェに何となくいる時間を増やすように仕向けた。その甲斐もあり、気づいたら皿洗いをしていた。彼は今サロンには参加しておらず、バザールカフェにいる時間も7年くらい経って減ってきた。しかし、ここで出会った人との関係はバザールカフェという場を越えて続いている。

クリニックで出会ったサトコさんもそうだ。「自分は生きている価値がない」、「人とうまくコミュニケーションがとれない」、「仕事をしたいけれどもう何年も仕事をしていない」。そんな思いを抱えているサトコさんにバザールカフェを紹介した。彼女が最初にバザールカフェを訪れてからはもう数年が経っている。毎日来てキッチンに入っていた時もあれば、年単位で来れなくなっていた時もあった。急に「今日行きます」と連絡をくれたりする時もあった。その度に彼女にとってバザールカフェが居場所になればと、話を聞き、それとなくバザールカフェにいる人との仲介役をしてきたつもりである。そんなサトコさんがしばらくぶりにやってきた。そんな時に限ってゆっくりと話をする時間や心の余裕がなかったりする。その日もそうだった。でも、「千恵さんに話を聞いてもらおうと思ってきたけれど、いろんな人が声をかけてくれて、話をすることができて、千恵さんがいない時にバザールカフェに来ても大丈夫だと思いました」と言われたのだ。よかったなぁと思ったのである。サトコさんはこれで何とかなるという気持ち半分、もう私だけで背負わなくていいという安堵した気持ち半分であった。勝手に何とかしなければと背負っているわけだが、「松浦に会いに来る」から「バザールカフェという場に来る」という変化は、彼女の生きている世界を大きく変えたと言っても言い過ぎではないと思う。

庭の一角。いつも変わらない姿

寄付者やお客さんにバザールの様子を伝えるニュースレター

## 他者と共に生きる場をつくる

クリニックでソーシャルワーカーとして働いていると、時に先生と呼ばれることがある。毎回訂正をするのであるが。時には講師として支援の話をする機会もある。先生と呼ばれたり、人様に支援の話を講義したりするほど、ソーシャルワーカーの職務を全うできているのだろうか。私はそんな思いを抱えて医療の中で働いている葛藤やジレンマや申し訳なさ、後ろめたさを、バザールカフェで支援をすることで相殺しているようなところがある。

苦しくて不安でひとりでいられないという人に対しても17時までは電話で話を聞く。でも17時になったら「ごめんなさいね」と言って電話を切る。入院させてほしいと懇願してこられたら、必死で入院先を探す。でも、入院先が見つからず、時間がもう遅いし土日を挟むから「週明けにまた」と告げ、そんな対応しかできない自分に後ろめたさを感じる。このまま帰れるのだろうかと思いながら酩酊状態の患者さんの後ろ姿を見送るしかない時もある。やはり医療機関でのソーシャルワーカーの働きには限界がある。

後ろめたさは本人に対してだけに持つわけではない。医療の場にいると、患者さんの家族や地域の支援者に申し訳なさを感じることもある。家族が必死の思いでなんとかしてほしいと頼ってきても、毎日何かしらの緊急対応に追われている地域の支援者に対しても、何もできない時がある。そもそも役割の違う人たちが連携して「支援」するのが本来だから、何も後ろめたいことはないはずだと思いながら、それでも、一番しんどい時間を共にしているのは家族であり、地域の支援者だという思いは消えない。

医療というのは支援のヒエラルキーのトップにあるように思う。福祉のサービスを利用する際には診断書や医師意見書が必要なことがほとんどである。そういう仕組みであるからしょうがないが、高いところで仕事をしているという感覚が拭い去れない。

もうひとつは、バザールカフェの中でずっと考えてきている「社会から排除されがちな人々を包摂する場所を創造する」ということである。バザールカフェにいる時には、多様な人と出会い、ありのままでいいということを確認する。でもバザールカフェを一歩出たら？「千恵ちゃん、仕事やで」と言われて外に出てみたらそこに福さんがいたとして、見て見ぬふりをする？「誰も排除しない」とは、バザールカフェの中だけですることなのか？「社会から排除されがちな人々を包摂する場所を創造する」と高尚なことを言いながら、「忙しいから関われない」、「放っておいたらそのうち目を覚ますだろう」では何とも自分自身がやりきれない。

バザールカフェが目指しているものは包摂的な地域社会である。社会自体を「共に生きる場」にしていくために、バザールカフェはこれからも真剣に自分と他者と社会に向き合っていくのだ。

4章

# そこに広がる「生命モデル」の世界

野村 裕美

韓国風いかごはん
Squid Rice
「野菜たっぷり&いか」をごはんと一緒に。
辛さ度2

ライフモデルを「生命モデル」と呼ぶのは、社会福祉学者の加藤博史である。加藤のこの言葉を目にした時、バザールカフェにぴったりな言葉だと思った。この「生命モデル」という言葉を手掛かりに、バザールカフェ流ソーシャルワークを語ってみることとしたい。

私とバザールカフェとの出会いは、医療ソーシャルワーカーとして働き始めた頃にさかのぼる。初のクライエントが、海外から日本に出稼ぎにきていたHIV感染症の方であった。恩師に相談すると「この人に電話したらいい」と紹介してくれたのが榎本てる子である。その後、別の機会にエイズカウンセラーの榎本と再会。ソーシャルワーカーの教育及び研究に携わるべく京都にやってきた折には三度バザールカフェで再会することとなる。

間に合った ー正面門をくぐり小径を急ぐー

# ソーシャルワーカーの悔いのストーリー

支援がうまく進行しない時、「これはクライエントのせいだ」「家族が悪いからだ」と相手のせいにして、自分を納得させていることがないだろうか。そのような時、ソーシャルワーカーはクライエントやその家族たちを「多くの課題を抱えている人たち」と決めつけ、支援が功を奏さないのは彼らのせいだと思おうとする。そして彼らの中にある課題を取り除こうとする。支援という名の下、クライエントたちをコントロールしようとする。

そんな時、「ソーシャルワーカー―クライエント関係」では何がおこっているのか、その時のワーカーの心情がどういうものか、私にはよくわかる。かつて、私にもそのような経験があるからだ。今となっては、墓場にもっていきたい「かつての私」であるが、現場を離れて20年ほどたつ今も、その時の嫌な感覚を身体が覚えているものである。個人のパーソナリティのせいばかりにしていた私。その人のある側面に過度に焦点化してわかったつもりになっていた私。クライエントや家族たちの自己責任を軽んじていた私。このような私の関わりは、クライエントや家族が支援へ参加する権利や機会を奪っていたことになる。このような権利侵害ともいえる支援に対して、声を出して異を唱えることができたクライエントたちはどれほどいただろうか。

これが医学（疾病）モデルの問題点である。ある日、週明けにも喉頭摘出の手術を控えた身寄りのない患者から「お前は、どこを見ているんだ」と相談室中に響く声で私は怒鳴られた。この患者は、飯場暮らしの方で、病気発症、入院と同時に仕事も住まいもなくなった。退院後の生活をどのように組み立てたらよいか、声が出るうちにできることをせねばと焦っていたのだと思う。先輩や同僚のソーシャルワーカーたちは心配して面接室のドアをノックしてくれ、面接を中断するようにと助言をくれた。しかし、私はその時怒鳴られたことにいたく納得していた。引き続き、面接を継続した。確かに当時の私は、クライエントの大変な状況ばかりに気をとられ、しかもワーカーだけの力でなんとか道筋をつけようとしていた。この方に怒鳴られてはじめて、そのことが人をいかに軽んじていることになるのかに気づかされた。「声が出るうちに」と思ってしまった自分を恥じた。

私の後悔のストーリーが長々と続いて恐縮であるが、バザールカフェのソーシャルワークを語るには、このエピソードが重要となる。こんな失敗をしていた当時、そばにバザールカフェがあったらよかったな、とつくづく思う。当時の私は、原因探しばかりに気を取られ、目の前にクライエントがいるにもかかわらず重要なものを見ようとしてこなかった。人は環境の変化に柔軟に応じることができる力、コンピテンス（competence）を発揮できれば、誰しも、社会との関わり合いの中で自分らしく生き抜くことができるのだ。

## 生命モデルの庭につながる小径を歩く

今でもそうである。うまく物事が進まない時、つい相手のせいにして、他者をコントロールしようとしてしまう。そんな自分を何とか整えながら社会で生きていかねばならない。かつてと少し違うのは、そのような医学モデル思考に陥った自分を察知しようとしていることだ。そんな時は、自己嫌悪や悔い、湧きたつ感情が冷静な判断にどんな影響を及ぼしているかなど自分を省みて整える必要がある。その方法として「バザールカフェに逃げる」というセルフケアを幸い身につけた。人は誰しも人目にさらされており、時には無関心でいてほしいこともある。そんな時は、人ごみに紛れたり、暗所に身を隠すことでうまくやれない自分を整えたいと思う。職場のすぐそばにあるバザールカフェは、日常から逃げて身をひそめるには格好の場所となった。

門をくぐり、奥に進みながら頭に浮かぶのは、新人ワーカー時代参加した勉強会で取り上げられたトーマス・J・キャロルの『失明』という文献である。中途障害として視覚障害を負うこととなった患者さんのケースを理解するための勉強会で、先輩ワーカーが紹介したものである。失明とは何か、失明により何が起こるのか、失明に対して何をすべきかが書かれたこの本は、支援する側の人々に強いメッセージを放っている。視力を失うことは単に機能を失うこと以上に人間としての死とされ、20の喪失があることが記述されていた。その中でとくに印象に残ったのが「人並みの存在としての喪失」と「目立たない存在であることの喪失」という項目であった。人の回復とは何なのか。自らはバザールカフェの庭に逃げ込みつつも、深い深いところで、そのことをちゃんと理解したいと希求し続ける自分を自覚する。

奥へ、奥へ ―門からカフェへのアプローチ―

# ソーシャルワーク理論発展の歴史

奥に広がる庭に到達する前に、ここでソーシャルワークはどのように発展してきたのかを解説しておく。かつてフロイト心理学や機能主義の影響を受けたソーシャルワークは、援助関係の中での展開を重視していた。次に援助関係に主眼を置きつつも、クライエントの生活の中で、クライエント本人の問題解決の力を向上させることが重視される時代が到来する。対処能力（ワーカビリティ）という概念が登場した時代である。

その後、ソーシャルワークはシステム理論や生態学的視座と結びつき、対象認識の大きな変化が起こる。ソーシャルワーカーはクライエントのパートナーとなり、解決に向かう様々な局面の中でクライエントと協働していく、というものである。さらにその後、クライエントの参加を出発点にしたエンパワメントアプローチが登場する。ソーシャルワークの発展にストレングス、レジリエンスと並んで影響を与えてきたのが、コンピテンス概念である。

コンピテンス概念とは、人間には、環境とうまく相互交渉することによって効力感を得ようとする動機があるという主張であり、「人にすでに備わっている潜在的能力と、環境に能動的に働きかけて自らの有能さを追求しようとする動機づけを一体的にとらえる力動的な概念」（ホワイト 1959=2015）として心理学者のロバート・W・ホワイトが定義した。ホワイトによる功績は、指向的、選択的、持続的に環境と効果的に関わりたいという人の内発的な欲求（ホワイト 1959=2015：80-81）をコンピテンスに資するものとして定義づけた点にある。達成、完了できることより、動機をもって関わり続けることに重きをおいた。いかなる人間も「こうありたい」と思うことに力を得ることを証明した。

ホワイトのコンピテンス概念は、問題解決の主体はクライエントであると視点を変換させたという意味で、ソーシャルワーク理論に大きな影響を与えた。ヘレン・ハリス・パールマンは、コンピテンス概念や自我心理学理論などを取り入れ、クライエントのワーカビリティに着目した問題解決アプローチを生み出した。その後、ソロモンらによるエンパワメントアプローチが登場するが、コンピテンスを志向するマルシオは『クライエントから学べ』という著作を残し、個人の力、動機づけ、環境の質との相互作用に着眼した生態学的な視座のエンパワメントアプローチに発展させた。

現在、社会構成主義などの流れをくむマイリーらによるエンパワメントアプローチでは、クライエントや家族などがすでにもつ力をうまく顕在化させてうまく活用することを特徴とする。教科書でインテークから始まると習ってきた支援過程は、「対話の段階、発見の段階、開発の段階」を特徴として展開し、クライエントの主体性の回復に焦点を絞っていく。

小径を抜けてたどり着いたところに生息している人々。誰が一体支援者なのか。支援されている人なのか。全くもって判別つかない不可思議な空間がそこに広がっている。相談受付など存在しない。あるのは、カフェの受付のみ。様々な人間が、生きるために、生き延びるためにこの庭にたどり着き、そこここで息をしている。そして対話をし始める。逃げ込んできた私自身も、いつもの一番落ち着く席に真っ先に向かい、倒れこむように着座する。そしてゆっくりと息を吸い込む。深呼吸を続けていると、外の世界で抱いた感情や自己嫌悪、自責の念はいつの間にかおさまって、思考が研ぎ澄まされてくる。ここにいる誰にも、深い深い生命モデルの庭に私が身を埋めることを許される感覚に陥る。ちっぽけな自分に気づき、なぜかそのことに安堵する。

カオマンガイがでてくるまで ー厨房の風景ー

ライフモデルを「生命モデル」という加藤は、精神障害のある人を「ヴァルネラブル（可傷的）な人々」と称し、彼らをはじめとする人々が「ありのままで生きやすい地域社会」を「市民と当事者が共にエンパワメントされていく過程を通して実現していくビジョン」を示しその実現を目指す（加藤 2023）。ヴァルネラブルという言葉は、脆弱性に置き換わることが多いが、加藤が用いる「可傷的」という表現となると多義性を含む言葉となり替わり、そこに生命の力を感じるのは私だけであろうか。「可傷的」という言葉には、なぜだか勇気づけられる響きがある。かつて息子の小児喘息がひどく、職場に頭を下げて仕事を何度となく休んでは病院を探して回った。その末に主治医となる医師の、「喘息児は過敏児なんです。過敏であることは悪いことではない。むしろ力なんですよ。お母さん、大丈夫。」

料理がでてくるまでのルーティン ー編み物作家の作品が並ぶ奥の棚をー

という言葉が重なって思い出される。バザールカフェに流れているものとも共通する。カオマンガイを食べ終わる頃には、大丈夫だと思えてくる。

ひとしきり麗華さんやシェフ、ボランティア、お気に入りの編み物作家とおしゃべりをしていると、その頃にはすっかりと感情も思考も整ってくるから不思議だ。外の世界へ戻る前に、締めのバザールカフェオリジナルのコーヒーを楽しんでいると、鶏《にわとり》のように小走りでテーブルのあちらこちらを飛び回っているある人が視界に入ってくる。お客として来ている全ての人と顔見知りなのか、声をかけては話し込み、話し込んでは隣のテーブルに移動していく。この人が、表の顔は精神科クリニックのソーシャルワーカー、裏の顔は多すぎて説明しきれない、バザールカフェコーディネーターの松浦千恵である。

## バザールカフェのソーシャルワーク

ソーシャルワーカーの松浦は、コンピテンスそのものであると思う。ホワイトはコンピテンス概念を「生命体は環境の様々な側面を取り込んで『周囲を巻き込みながら拡張し』、取り込んだ事柄を自らの機能として統合していく」（ホワイト 1959=2015:96）と説明する。松浦はまさしく、コンピテンスを体現しながらあらゆる人々と関わっていると実感している。体現しているものはプロフェッショナルなコンピテンスということもできるが、松浦が人々とどのように関わっていくのかをみていると、プロフェッショナルという言葉はもはや必要なく、むしろあえて外して、コンピテンスとコンピテンスが呼応しあうこと、そこで勝負しているのではないかと思うことが多い。その過程においては、生きる、生き延びることへの貪欲さ、強い希求が双方からほとばしる。こんな風に表現してしまうと、格闘技のような光景を思い浮かべるかもしれないが、決してそうではないともいえるし、真剣勝負という意味では意を得ているような気もする。

松浦の実践については、ここでは主に2つを紹介したい。まずひとつは「仲間を集めるナラティブ実践」についてである。いつでも松浦は自分の弱さを語ることで私をひらき、聞き手も心をひらいていく語りにいざなう。だから人が集まる。マーシャル・ガンツのコミュニティ・オーガナイジングでは、弱さを語る強さを「ヴァルネラビリティ」と定義し、ストーリーオブセルフ（自分語り）により思いを伝え、価値を共有しながら私たちのストーリーとしての一体感をその場に生み出し、今こそ行動する必要性を訴える。

松浦のナラティブ実践の源流のひとつは、榎本てる子が京都ＹＷＣＡのＰＡＮ（Positive Action Now）の活動の中で、大切に積み重ねてきた「スピーカー養成講座」にあると私は考えている。社会問題の当事者としてのＨＩＶ陽性者がスピーカーとなりそのナラティブに参加者が耳を傾ける講座を、榎本が発案し実施していた。様々な立場の人たちが参加し、当事者体験を聞き、感想を述べあい、議論を深め、そこでの気づきを自分の現場に持ち帰るという活動は、コミュニティ・オーガナイジングでいうところの同志を増やしていく活動そのものであると考える。私は私で、2014年にバザールカフェで対話の場をひらくことを榎本に相談した際に「スピーカー養成講座」の様子を話してくれた。「当事者がスピーチすることから対話を始めるのはどうやろか」と大いに賛成してくれた。この発案は「ケアカフェ」として実現したが数年で終了した。私は圧倒的に仲間集めが下手だった。一方、松浦は「ケアカフェ」活動を支えてくれ、その後、「しゃばカフェ」を呼びこみ、自らも語り、力を合わせる同志をどんどん集めた。その活動は今なお続いており、集まった同志と新たな活動も生み出している。

もうひとつは、「社会資源を生き返らせる（活性化させる）実践」である。バザールカフェが受託している地域連携による依存症早期発見、早期対応、継続支援モデル事業においての取組みがある。この事業は現在7つの自治体が主に医療機関を実施機関として事業を展開するなか、バザールカフェと

整う私を実感 ―締めのオリジナルブレンド―

いう得体のしれない団体に委託する京都府が目を引く存在となっている。松浦の「昼の顔」である依存症専門外来クリニックでの実践のひらめきと、バザールカフェという社会変革へと導く装置が結び付き、今まで社会が着手してこなかった狭間に手を伸ばす実践が生み出されている。

アルコール依存症患者への支援においては、精神科がない、精神科入院病床がない一般病院へ専門医が出向いて診療支援を行う架け橋スタイルのモデルはほかでも実行されてきた。京都府のコンサルテーション事業は、それに加え、医療者の多くが抱く患者への陰性感情（患者との関わりから、患者のことを嫌だと思ってしまう感情）に看護師たちが悩まされていること、その陰性感情によりケアに停滞や狭間が生まれることに松浦は着目した。これは松浦がエンパワメントグループ、エモーショナルリ

仲間のためにというより、仲間とともに（令和5年度京都府依存症患者及び家族に対する早期発見・早期支援体制づくり事業　京都府断酒平安会と共同開催の相談会風景）

テラシーに関する知識とスキルを備えていたことによる。クリニックの医師とともに一般病院に足を運び、依存症診療に関するコンサルテーションに加え、陰性感情への対処のアドバイスを行ってきた。これを連携と定義することもできるが、私はクリニックの医師、松浦、先方病院の医師、看護師、ソーシャルワーカー、そしてもちろん当事者や家族らとの意志ある同盟（アライアンス）が組めたことが大きいと考える。病棟の依存症患者への対応に苦労している依頼元病院の看護師やソーシャルワーカーたちを活気づけ、関わる責任を確認し、関わろうとしても関われない状況をともに理解し、元気づけ、奮い立たせる。まさしくエンパワメントであり、スタッフたちを生き返らせる関わりである。バザールカフェが引きうけるとなれば、社会資源の一つひとつを活性化させ、社会をも活性化させるかのようにみえるのが不思議である。

庭に立つ私は、確実に息を吹き返している。外に出れば、公害、気候変動、自然災害によって引き起こされる諸問題、自然資源の奪い合いなど、地球規模の課題が誰しもに押し寄せる。人の手によってできることに限界がありつつも、グリーンソーシャルワークの提唱者、レナ・ドミネリはこのような時代にこそ、一人ひとりが抱える苦痛にかけよるソーシャルワーカーの力を求めてやまない。

「生きている実感がない」。そんな人がいたら「バザールカフェに行ってみては」と声掛けをしてほしい。生い茂る緑の小径の奥には、生きたいともがく人々が多数生息する生命モデルの庭がある。入り込んだところで、誰も振り向いてはくれない。みんな、それぞれ、生きるのに必死だから。しかし、あなたの声をみんな、聞いている。あなたも、そこにいる誰かの声を聞いている。そんな距離がどうにも心地よい。その時、鶏のように接近してくるソーシャルワーカー松浦に気づくだろう。「うざいなあ」「ほっといてくれ」と思ったあなたは、今、確かに生きている。

**参考文献**

・太田義弘編著（２００９）『ソーシャルワーク実践と支援科学―理論・方法・支援ツール・生活支援過程―』相川書房
・Anthony. N. Maluccio, (1979), *Learning from clients:Interpersonal Helping as Viewed by Clients and Social Workers*, The Free Press
・Brenda Dubois and KarlaKrogsrud Miley, (2019), *Social Work:An Empowering Profession, 9th Ed*, Pearson
・Dominelli. L, (2012), *Green Social Work:From environmental Crisis to Environmental justice*, Polity （＝上野谷加代子・所めぐみ監訳（２０１７）『グリーンソーシャルワークとは何か　環境正義と共生社会実現』ミネルヴァ書房）
・鎌田華乃子（２０２０）『コミュニティ・オーガナイジング　―ほしい未来をみんなで創る5つのステップ』英治出版
・加藤博史（２０２３）「生命モデルに基づく当事者エンパワメントと多様性の文化培養」『精神医療』、No. 8、69～75ページ
・太田義弘・中村佐織・安井理夫（２０１７）『高度専門職業としてのソーシャルワーク　理論・構想・方法・実践の科学的統合化』光生館
・White. R. W, (1959), "Motivation reconsiderd:The concept of competence," *Psychological Review*, 66(5), pp. 297-333 （＝佐柳信男訳（２０１５）『モチベーション再考　コンピテンス概念の提唱』新曜社）

5章

# 学びの場としてのバザール：コーヒーハウスミニストリー

マーサ メンセンディーク

この章ではバザールカフェを「教育」と「教会」の立場から紹介する。私は同志社大学（社会学部社会福祉学科）の教員であり、また、アメリカの教会から派遣されている「宣教師」という立場を兼ねている。そもそも、バザールカフェの建物（クラッパードイン）は私が所属する米国合同教会の宣教師館（宣教師のための住居）であり、私が同志社大学に着任した1996年に予定ではそこに住むことになっていた。ただ、ちょうどその頃、榎本てる子はカフェ活動の構想を温めていた。クラッパードインの1階をその活動に利用したいという話を受けて、私も共感し協力したいと思い、住居は違う場所を探すことにした。バザールカフェの活動のために宣教師館を使用するということで、私は最初からアメリカの教会幹部との連絡・説明係のような役割を担い、今に至るまでバザールカフェをアメリカの教会に広く理解してもらうための報告・連携の「窓口」のような役割を担当している。また、大学教員という立場から、教育者として大学とバザールカフェを様々な形でつないでいる。

カフェへつながる小路

## 型にハマらない学びの場

バザールカフェは様々な学びができる場である。学生の実習やインターンシップの受け入れといったフォーマルな学びに限らず、ボランティアや一般の人にとってもバザールカフェは「学ぶ場所」としての価値もあるだろう。バザールカフェでは様々なプログラムを展開している。広く参加を呼びかける講演会やワークショップは、社会課題について学ぶ機会である。たとえば、原発事故後の放射能被害の問題、沖縄の基地問題、依存症、セクシュアリティと多様性についてなど、数多くのテーマを取り上げてきた。講演会などのプログラムに参加することがきっかけでバザールカフェを初めて知る人たちもいる。プログラムへの参加は、バザールカフェのスタッフや多様な人たちとの交わりを通して普段接することがない社会的マイノリティと出会う機会でもある。初期の頃は「ＴａｌｋＴａｌｋ」という名称で、多様な性、死生観などといったセンシティブなテーマを安全な場で語り合うプログラムを開催していた。「ケアカフェ」というプログラムでは幅広く参加を呼びかけ、回ごとに様々な「当事者性」をもつゲストスピーカーが自分のストーリーを短く語ったあと、参加者がグループに分かれてテーブルを囲み、感じたこと、学んだことを話し合うということを数年間シリーズで行なった。参加者はカフェの常連から、学校教師、看護師、福祉従事者、学生など。そこから次の展開として、とくに依存症者や刑務所の出所者を支援するワーカーなどが中心に行っている「しゃばカフェ」が誕生した。「しゃばカフェ」はバザールカフェ主催ではないが、バザールカフェを会場として行うことにも意味がある。このように、バザールカフェは社会的課題について知る場でもあり、それらの問題に取り組む支援者が新たな学びができる場所でもあり、また当事者と触れることを通して多くの人にとって社会の「窓」となっている。

また、バザールカフェは定期的にボランティア研修も行っている。バザールカフェの運営や支援方針について知ることはもちろん、バザールカフェが大切にしている多様性の尊重をはじめとする価値観について、感染予防のための「ユニバーサル・プリコーション」や衛生管理について学ぶことができる。このように、バザールカフェは様々なプログラムを通して関わる人にとって学ぶ機会となっている。

## フォーマルな社会に一石を投じる：学生たちの学びの場

バザールカフェは設立時から学生の関わりがあり、現在も続いている。当初、榎本てる子が大学の嘱託講師をしていたことや、牧師として様々な学校でチャペルや特別講演会の活動も多く、学生を惹きつけるカリスマ性があったことも大きい。榎本と一緒にバザールカフェに関わることは楽しく、普段接点がない人と出会える面白さがあった。榎本は、バザールカフェをつくる時にいろんな夢を描いていたことを振り返る中で、学生についてこう述べている。

「大学の学生たちが、いろんな状況に生きている人たちと一緒に働くことを通して、頭で理解するんじゃなくて、体と心でいろんなことを学べる機会があるといいね〜」(『15年史パンフレット』、5ページ)

バザールカフェでは数えきれないほど多くの学生が関わり、様々な体験をし、学んできた。たとえば、多様性に触れることを通して様々な文化、セクシュアリティ、人生経験、病気、生きづらさ、価値観について学ぶことができる。また、多様な人と出会い、相手を枠で捉えるのではなく、そのありのままの人として接するようになる。「支援する」、「される」の

バザールフィエスタを楽しむ人たち

関係ではなく、共に支え合う関係性について学ぶ場にもなる。そして、学生はボランティアや実習生として関わり始めるけれど、実は自分の居場所にもなっていることに気づくこともめずらしくない。

ある学生ボランティアは次のように振り返る。

「バザールカフェで働く人は多様性に溢れている。その中で一人ひとりが対等に人格と人格とで向き合っている。ここに支援者、被支援者という壁は無いのである。互いがバザールカフェを支え合う仲間なのだ。これらのことこそが多くの人にとってバザールカフェが居場所であり得る理由であろう。（中略）相手の一面を見て、全てを見たかのように思って付き合うのではなく、ありのままの相手を受け止め、今ある相手と今ある自分とで誠実に付き合っていくことが現代の多様性に溢れる社会を生きる上で求められるように思う。そ

バザールフィエスタでの催し

のことを私はバザールカフェを通して学ばせていただいたのである」。（『15年史パンフレット』、18ページ）

## 社会へのまなざしを育てる大学の実習授業

バザールカフェは学生にとって教室では得られない学びと「対人援助の実践」の場を提供している。いくつかの大学や学部の実習生を受け入れているが、ここでは同志社大学の社会福祉学科の実習について紹介する。

「社会問題実習」という授業はソーシャルワークを学ぶための実習である。一方、社会福祉士国家資格取得に結びつく実習とは異なり、社会福祉法で定められている社会福祉施設以外のＮＰＯや市民団体で行う実習だ。とくに国や行政の援助から外されている人々の問題をＮＰＯがより早くそのニーズをつかみ、支援してきた。日本では在日コリアン、部落問題、外国人、野宿者、ＨＩＶ／エイズ、などの問題にＮＰＯは関わってきた。この実習では、社会問題に興味のある学生が地域のＮＰＯで実習をしながら広い意味でのソーシャルワーク実践経験を積む機会を提供している。

バザールカフェはこの実習の受け入れ先のひとつである。実習生はカフェ業務のお手伝いから入る。ランチの仕込みのお手伝い（野菜を刻んだり、人気メニュー「ロコモコ」のハンバーグをこねたり）、営業が始まるとランチの配膳、皿洗い片付けなど。カフェのキッチンスタッフと協働することで信頼関係が得られ、実習の目標を明確にするための大切な時間となる。1年を通しての実習ということもあり、学生はゆっくりと現場で自分が学びたいこと、体験したいことを見つけ、それを達成するために目標を立てる。今まで実習生は、カフェ運営の日常的な業務に携わることのほかに、カフェの外国人シェフの「バディ」となり、必要に応じて、病院や行政窓口の動向、子どもの学習支援、引越しのお手伝いに至るまで、様々なお手伝いをしてきた。そのほかには恒例のバザールカフェ・フィエスタでのプログラム企画、セクシュアルマイノリティの理解を目的にしたワークショップの企画、薬物依存リハビリセンターDARCの「お庭班」の担当など、興味に合わせて年間の実習体験を組み立てる。

一方で実習生が躓くこともある。皿洗いや食材の仕込みばかりしていると実習という実感がもてなくなったり、明確な目標が見つからず悩みながら実習を続けたりすることもある。そういう中、実習生のスーパーバイザーを務めるバザールカフェスタッフの松浦は、実習の課題として次の点を挙げている。

・人と出会うということ（どう人と出会うか）、「依存症者や障害者」に出会うのではなく、人に出会う。
・人の中で学ぶということ（人を見るまなざしは、私自身へのまなざし）。
・人と出会い、人の痛みを知り、自分の価値観を問い続ける。そして社会のおかしさに声をあげていく。

つまり、バザールカフェの実習は、必ずしも「この業務を達成できた」とか、「この援助技術を身につけた」とかではなく、人との出会いを通しての気づき、また自分を見つめるきっかけになる、という特徴がある。ちなみに2章で紹介された「さやか」や執筆者の狭間はこの社会問題実習の学生だった。彼女らのようにバザールカフェで普段出会うことのないような人との関わりを通して貴重な経験をしている学生は多い。レポートや実習報告会で学生はバザールカフェでの学びをたとえば以下のように表現している。

・本当にさまざまな人と出会った。
・社会福祉を学ぶうえで、障害をもった人を助けるという意識だったが、実際バザールカフェでは自分自身が支えられ、元気をもらっていると気づいた。
・人として違いを認め合い、尊重することが大切であることを実感した。

実習生との日常

・人がどのような問題を抱えても、偏見の目で見ることなくその人に向き合える人になりたい。

このように実習を通して学生は多様な人たちと触れ合うことを通して自分がもっていた先入観に気づくきっかけとなり、社会福祉の「支援」について新たな視点を与えられたようだ。

ある学生は、実習報告書で次のエピソードを紹介している。初対面の人とのコミュニケーションに苦手意識があり、実習当初は憂鬱さえ感じていたという。しかし、毎週ＤＡＲＣのメンバーと働いているなかで、ある日ひとりのメンバーと自分の苦手感を打ちあけると、「大丈夫だよ。だって俺とこうやって普通に喋っているじゃない」という言葉が返ってきた。学生は初めて「こんな自分でも大丈夫なんだ」と感じることができ、それから安心して初対面

作業をとおして出会っていく

の人と話すことができるようになり、非常に自信がついたと振り返り、自らの成長を実感したことを綴っている。そして薬物依存症の当事者に限らず、様々な職場で働くソーシャルワーカーや、司法関係のワーカーや弁護士、他大学の学生、留学生など「新しい出会いもたくさん経験したことで、バザールカフェの実習でなければ出会えなかった方々と繋がることができた。繋がるというネットワークの大切さを学んだ」という。また、この学生は、自分の変化についてこのように述べている。

「当初の目的であった薬物依存症の当事者と交流することを通して、私の中の彼らへのイメージが大きく変わった。薬物依存症の当事者ではなく、それぞれ違った背景を持った個人であることがわかった。ソーシャルワークを学ぶ身として恥ずかしいが、やはり私も彼らにレッテルを貼り、統一化してみてしまっていた。これを自己覚知できたこと、彼らへのイメージを変えられたことは、この実習でしか得られなかった大きな成長である。」

最後にこの学生は「どこにも居場所がないと思っていた私もバザールカフェの一員だと思える、自分の居場所だと思える。自分や他人を信じられるようになった経験をソーシャルワーカーとして、ひとりの人間として、これからも大切にしていきたい」と自分の将来の進路にも活かしたいと気持ちを表現している(1)。

バザールカフェでの実習の学びや気づきについて学生の言葉をまとめると、以下のような点が特徴的である。

・自分が素のままでいていいんだと思えるようになった。
・自分の居場所ができた。
・いろんなもので自分を武装していた。
・虚勢を張っている自分に気づいた。
・自分の課題が見えるようになってきた。
・偏見を変えてみたくて、バザールでの実習を選んだ。
・「自分と違う人」と出会って楽しかった。
・相手が自分に人として出会ってくれた。

一方、今まで紹介した実習生の言葉は主に実習報告書に掲載された文章の引用であるため、綺麗にまとめられているものである。実習生の中にはバザールカフェでの実習で、今まで紹介したような学び、つまり自己覚知につながるようなコミュニケーションにまで至らなかったり、表面的な学びで終わったり、居場所を見つけることができずに終わったりする学生もいる。様々な理由が考えられるが、たとえば、バザールカフェの実習時間がランチタイムに集中してしまい、実習生が営業のお手伝いで忙しく、ゆとりをもってコミュニケーションをする隙間がなかったことが一因である。大学の授業やバイトの都合で忙しく、実習に費やす時間が限られている学生はとくにバザールカフェでの実習を深められないこともある。実習以上に多くの時間を費やす「居場所」とならないと実習の充実度の差が出てしまうのは受け入れ側の課題とも言える。バザールカフェでは実習目標が客観的に測れる業務や技術ではないことや、「普通の」実習先と比べて濃い人間関係が存在することも影響する。営業で忙しい時以外にゆっくり人とのコミュニケーションをとる余裕があるかどうか、濃い関係が魅力的と感じる

20周年記念に贈呈されたポスター

かどうかによって学生の経験は異なるというのは事実である。

また、バザールカフェの実習を通して、目指していた社会福祉士としての仕事に疑問を持つようになったケースもある。バザールカフェの伴走型支援のあり方、制度に縛られない支援を目の当たりにして、既存の福祉制度や行政への疑問を抱くようになり、悩み、進路について葛藤する学生もいる。バザールカフェではそのような悩みを打ち明けて聞いてくれる人がいるというのは実習受け入れ以上の役割を果たしているとも言えるだろう。このように、バザールカフェは実習生にとって様々な学びや経験を得られる場となっている。

2023年の25周年パーティーの様子

## インフォーマルな学び

もちろんバザールカフェでの学びは実習生に限ったことではない。そのほかの学生はもちろん、社会人にも、バザールカフェを居場所としている人、ボランティアとして手伝っている人、ランチを食べに来る人、疲れた時にふらっと訪れる人、様々なイベントに参加する人などがいる。もちろん、美味しいランチを食べに来て、それ以上の関わりを持たない人はたくさんいる。しかし、一般のカフェに比べれば、客以上の関わりをもつ人、もつようになる人は割合に多い。バザールカフェで何を学べるのか。たとえばバザールカフェのキッチンボランティアはカフェのエスニック料理のつくり方を学ぶこともひとつの魅力だろう。食を通して異文化に触れる体験になり、タイやフィリピン、インドネシアなどの文化について知識が深まることもあるだろう。

多くの人にとってバザールカフェの魅力のひとつは、年齢・世代・立場・属性などを超えて人と交流できることである。たとえば主婦が学生や外国人シェフと共にキッチンで働きながら交流する。普段の生活では出会わない人との出会いである。異なる国籍、民族性、セクシュアリティ、また依存症やそのほかの病気、生きづらさを抱えている人と共に過ごす中で、自分の世界が広がる。今までもっていた特定の属性に対する先入観に気づかされ、他者理解につながる。学びを求めていなくても気がついたら貴重なことを学んでいる。価値観が変わるきっかけになることもある。ゲイ男性と初めて出会い、今までの偏見から解放されたというボランティア。薬物使用で何度も刑務所に出入りした人は「犯罪者」ではなくひとりの人間である、ということを知った学生。

またバザールカフェでは多様な人とのコミュニケーションを学ぶこともできる。日本語を母語としない人と「優しい日本語」を使うことも含めて、様々な特徴をもった人を排除しない「ユニバーサル」(普遍的)なコミュニケーションが求められる場である。バザールカフェで人と接することや、コミュニケーション力に自信がもてるようになったという人は少なくない。一方で、バザールカフェで思い描いていた関わりができずに遠ざかった人もいる。期待していた場でなかった人や、打ち解けることができなかった人、傷ついた人もいるだろう。

人間それぞれには痛みがあり、弱さがあり、自分の悩みや不安を打ち明けたい時に安心して聞いてくれる人がいると楽になる。バザールカフェでは、人はときには聴き役になり、ときには自分の悩みを人に聴いてもらう。それが少しでも力になるという体験をするのもバザールカフェではめずらしくない。「弱くてもいいんだ」、「自立はひとりでするものではない」と思わせてくれる場所。また、バザールカフェにはいろんな壁にぶちあたった人もいるけれど、その人たちの体験を聞いているうちに、人に支えられながら人生はいくらでもリセットできる、やり直せるということを知る。

たとえば、ある学生は卒業後、就職先が期待していたものとは違うので悩んでいたとき、休みの日は自然とバザールカフェに足を運び、仲間と出会い、悩みを聞いてくれ、励まされ、癒されたという。バザールカフェのおかげで、転職を決意し、今では充実した仕事と生活を得ている。東京の企業で働く女性は職場のシビアな環境に慣れず、心が折れるけれど、帰省した時にバザールカフェを訪れ、仲間との再会やその場の雰囲気に触れて元気づけられるという。帰って来ることができる場所、「自分の原点」だと話す。バザールカフェでの体験や人とのつながりが自分の大切なものになっていることを確認することも学びのひとつなのではないか。人生にとって何が大事で、どのような人間関係や価値観を大切にしたいのか、バザールカフェはそのようなことを発見し、確認し、共有できる場である。

## 「持続可能なソーシャルワーク」を支える仕組み

### Coffee House Ministry

キリスト教会ではCoffee House Ministry（コーヒーハウスミニストリー）という活動がある。コーヒーハウスを拠点に宣教/奉仕を行うという意味だが、その形は様々である。一般的に「ミニストリー」とは信仰を表現したり広めたりするために行う活動のことである。コーヒーハウスミニストリーは教会をもっと広い社会に広げ、日曜日の礼拝より気楽に立ち寄れる場を提供することを通して多くの人に知ってもらうひとつの方法でもある。宗派によって布教の積極性は様々である。形や方針には様々なタイプがあるが、キリスト教的な位置づけとしては、聖書で描写されるイエスの実践をインスピレーションにしていることだ。イエスが多様な人と食事をし、パンをわかち合い、とくに女性や外国人とも井戸で会話をしたという聖書のエピソードから、現代風の「井戸」での出会いを提供するというモチベーションに基づいている。

1960年代のアメリカで広がったコーヒーハウスミニストリーは、教会が社会課題に取り組む拠点となった。当時は貧困問題や社会的孤立、薬物の蔓延などの社会課題が深刻化し、ベトナム戦争がアメリカ社会に不安と分断をもたらしていた。とくに都市部の社会問題に取り組む支援活動とコーヒーハウスという拠点をつくる動きがあちこちで広がった。私が1980年代に関わりを持ったワシントンDCのPotter's House（ポッターズハウス）はアメリカのコーヒーハウスミニストリーの元祖のような存在で現在も続いている。ポッターズハウスはSolidarity（連帯）、Justice（正義）、Spirituality（霊性）、Care for the Earth（地球をケアする）という4つの価値観が活動の指針となっている。公民権運動のまっただ中、人種差別問題に抗議するデモや暴動も起き、正義のための連帯と癒しの場として始まった。

私が関わった1980年代は都市部の貧困問題が深刻になり、ホームレス人口が増えるなか、麻薬とアルコール依存者への支援を積極的に行っていた。現在は都市部の再開発により、中心部の高級化が進み、低所得者層が追い出されるという問題から、低所得者支援に取り組んでいる。コーヒーショップでは、地域の人のランチスポットとして人気で、フェアトレードのコーヒーも評判であり、近くのオフィスワーカーがミーティングスペースとして利用したり、夜はコンサートやイベントとしても活用したりと、活発なお店だ。日曜日にはその場所で教会の礼拝が行われる。ひとつの宗派に拘らない、「エキュメニカル教会」として知られるChurch of the Savior（チャーチ・オブ・ザ・セービヤー）の礼拝である。バザールカフェとの共通点が多いことがわかる。キリスト教の視点からみればバザールカフェは立派なコーヒーハウスミニストリー なのである。

## バザールカフェと教会のつながり

バザールカフェの暖炉の上にひとつのポスターが飾ってある。アメリカのキリスト教の宗派のひとつであるＵＣＣがバザールカフェの20周年の記念に贈呈したものである。レインボーカラーが多様性のシンボルになっていて、次のように教会の姿を表す言葉が記されている。

Be the Church（教会であること）
Protect the Environment（環境を保護する）
Care for the Poor（貧しい人をケアする）
Forgive Often（よく許すこと）
Reject Racism（人種差別を排除する）

UCC 幹部とバザールカフェのスタッフ

Fight for the Powerless（非力の人のために戦う）
Share earthly and spiritual resources（地上の資源とスピリチュアルな資源を共有する）
Embrace diversity（多様性を受け入れる）
Love God（神を愛す）
Enjoy this life（この人生を楽しむ）

ポスターは、このようなことを大切にする共同体こそが教会なのだという意味を示している。バザールカフェは教会ではないけれど、このポスターが示す理念と重なるところが多い。

## 「宣教」の新しいイメージ

ＵＣＣはアメリカのプロテスタント教会の中でも最もオープン（リベラル）な宗派として知られている。性的マイノリティの当事者が牧師になることを初めて認めた教会でもある。また、他宗教との対話にも積極的である。私はこのＵＣＣが日本に派遣している「宣教師」という立場でもある。ＵＣＣにとっての「宣教」とは、キリスト教の信者を積極的に増やすことに焦点を当てる布教活動が目的ではなく、世界の教会活動をサポートするというパートナーシップに基づく。私の場合はキリスト教の理念に基づく同志社大学の教員という仕事と併せて日本キリスト教団京都教区が行う社会課題への取組みに協力するという役割を兼ねている。私の宣教師としての取組みの大きな軸はバザールカフェの活動でもある。また、アメリカの教会にバザールカフェの活動について発信することや、海外の教会からバザールカフェを訪問する人やグループを受け入れる役割も行っている。定期的に教会で宣教師としての活動報告を行うために渡米し、その際にはいつもバザールカフェの話を中心にする。米国の教会ではバザールカフェの話にとても関心をもってくれ、寄付もしてくれることが多い。

つまり私自身の「宣教活動」は大学での教育活動においても、バザールカフェでの活動においても、キリスト教の宣教師であることを表立って明言しないことが多い。私は牧師ではなく、宣教師の立場であるが「布教」が目的ではなく、「教会の垣根を超えた」活動を行うために、宗教色を前面に出さなくても良いと思っている。むしろ、その方が対等な立場でまず出会い、興味があれば、あるいは必要であればキリスト教の話につなげるというアプローチが自分のスタイルだ。消極的と言われるかもしれないけれど、このようなアプローチで信頼を築いてきた。このアプローチは榎本てる子と共通していると思う。

## 教会が提供している場

バザールカフェの場所「クラッパードイン」は元々ＵＣＣから派遣された宣教師の住居として建てら

れ、近くの同志社大学や同志社女子大学で教鞭をとっていた宣教師たちが住んでいた。１９９０年代以降ＵＣＣの宣教師の数が減少するなか、建物の１階は日本キリスト教団京都教区が集会のスペースとして使用していた。

榎本てる子はカナダ留学の後、ＨＩＶ陽性者・エイズ患者の支援を展開する中で温めていたカフェ構想のビジョンを仲間に共有していた。その実現に向けて私たちはクラッパードインの1階を利用したいと日本とアメリカの教会を説得した。榎本はカナダでの神学の勉強の中で、実践的な「パストラルケア」（牧師としての臨床的ケア）を学んだが、それは当時発症からの平均余命1年ほどだったエイズ患者のターミナルケアを行なっていたCasey Houseでの実習を通してだった。Casey Houseでは、エイズ患者が残された時間の過ごし方を主体的に決められる、当事者と寄り添ったホスピスケアを行っていた。また、榎本と一緒にバザールカフェを立ち上げたきむらとしろうじんじんはイギリスで先駆的なＨＩＶ陽性者支援を行っていたロンドンライトハウスを訪れていた。当時のロンドンライトハウスは1階が外に向かってひらかれて、誰でも立ち寄れる活気のあるカフェ、2階以上は当事者が専門的なケアを受けられる入所施設になっており、入所者やその家族・親しい友人が安心して使えるスペースやサービスを提供していた。大変感銘を受けて帰国したきむらとしろうじんじんは、バザールカフェの立ち上げ時に、ロンドンライトハウス型のエイズ支援を念頭に、当事者のケアの場（プライベートスペース）と合わせて、多くの人が行き来するオープンな場（パブリックスペース）の両方の機能の必要性を訴えていた。

榎本てる子もこれに共感し、ＨＩＶ／エイズの支援を当事者のプライベートな場所に限定しないためにも、クローズドではなく多くの人にひらけた場でなければならないというのがバザールカフェの「市場的喫茶」のコンセプトにつながった。

## 教会の理解とサポート

バザールカフェがクラッパードインを利用できるようになり、それが現在まで続いているのは、そのコンセプトと目的にＵＣＣの幹部が共感し賛同したからである。それはＵＣＣがバザールカフェをコーヒーハウスミニストリーと認識しているということでもある。アメリカの教会の人たちは、バザールカフェは「神の愛に基づいた活動」であり、神が望むコミュニティを創出していると評価している。あるＵＣＣの幹部がバザールカフェを訪れた際、会議でバザールカフェのスタッフによるプレゼンテーションが終わった瞬間、「This is Church！」（これこそ教会だ！）と大きな笑顔を見せながら絶賛した。教会のあるべき姿をバザールカフェが実践していると思って発した言葉だった。また、バザールカフェの活動に賛同する多くのアメリカと日本の教会・教会員からの寄付も、バザールカフェが教会の実践であると信じ、協力したいという思いからだろう。カフェ部門の収支が赤字でも、バザールカフェが活動をここまで続けられているのは、教会による場所の提供と多くの寄付によるものである。

## 「日本の教会の灯台」

現在、バザールカフェはUCCと日本基督教団との三者で「財団法人クラッパードイン」を設立し、長期の宣教協力のひとつの形としてさらに踏み込んだ協力関係をスタートさせようとしている。これは、バザールカフェの活動が長期に渡り日米の教会に評価され、今後の活動継続の意義を認められた結果である。日本基督教団京都教区内でバザールカフェを長年応援してきた牧師はバザールカフェについて「日本の教会の灯台」であると表現している。日本では教会への無関心、そして教会離れが進んでいる。こうした現状のなかで、存続の危機に直面している教会もある。若い世代が魅力を感じ、関わりたいと思うような教会になるために、今までも各方面で工夫はされてきたが、バザールカフェは教会にとってひとつの道を照らしているという。礼拝堂ではない場所で行われる「ミニストリー」としてバザールカフェは教会活動の新しい在り方、つながり方をつくっていると私も感じている。日米の宣教協力で今後期待されているのは、UCCからのインターンの受け入れや、日本からアメリカの教会への学生の派遣である。活気のある教会活動を、国境を超えてお互いに学び合えることで、また新しい交流や活動の可能性が生まれると私も期待している。

バザールカフェは榎本てる子ひとりでは実現できなかった「ミニストリー」である。アメリカの教会が場所を提供し、京都教区の牧師・リーダーたちがそこで行われる活動に夢を感じて賛同したことにより、バザールカフェという場が可能となり継続されてきた。このように教会関係者がバザールカフェを「ミニストリー」として捉えていることが持続の鍵となっている。決して宗教を押し付けない、オープンな「ミニストリー」と、キリスト教の垣根を超えた協働こそがバザールカフェの特徴のひとつとも言える。

**注**

（1）関口葉菜（２０１７）『社会福祉実習報告集』同志社大学社会福祉学科、２１７ページ


**参考文献**

・同志社大学社会福祉教育・研究支援センター（２０１３）『Bazaar Cafe～15thAnniversary（バザールカフェ15年史）』同志社大学

・The Potter's House, https://pottershousedc.org（２０２３年10月2日最終閲覧）

6章

# ブレンディング・コミュニティを生み出すカフェの試み

白波瀬 達也

これまでの章でバザールカフェがどのような場所であり、どんな人々が集っているのか把握できたのではないだろうか。バザールカフェは様々な国の料理が食べられる飲食店であると同時にケアの場であり、学びの場でもある。これらがバラバラに存在しているのではなく、渾然一体となっているところがバザールカフェの特徴といえるだろう。以下ではこうした特徴がつくられる過程を明らかにするために、開業前後の状況から現在に至る変遷を掘り下げていく。

## バザールカフェはコミュニティカフェなのか

### 地域社会の活性化や課題解決はゴールではない

バザールカフェは営利活動を行っている。しかし、営利を主目的にしているわけではない。カフェの営業は多様なバックグラウンドを持つ人たちが集い、働き、交わるための手段である。このようなカフェは一般的にはコミュニティカフェと呼ばれることが多い。

近年の日本では家族の形や働き方の変容に伴って、地縁が希薄になったと考えられている。こうしたなか、地域住民同士の交流や関係構築を促進する場所としてコミュニティカフェが注目されるようになり、２０００年頃から各地で増え始めている。

コミュニティカフェの定義は様々だが、ひとまず「飲食を共にすることを基本に、誰もがいつでも気軽に立ち寄り、自由に過ごすことができる場所」（倉持 2014）と捉えることができるだろう。より具体的にコミュニティカフェの特徴を捉えるために社会福祉学者の倉持香苗の説明を引用する。

「コミュニティカフェ」は飲食を共にするという点に特徴があり、性別や年齢を問わず誰もが気軽に利用することができる場所である。地域に多様な人が利用できる拠点を設置するということは、互いに知り合うだけでなく、互いに支え合う関係が構築される可能性が生まれると考える。（中略）コミュニティカフェは、民間団体が運営主体であることが多く、高齢者や子育て世代または不登校児童など、地域に居場所がない人たちの居場所づくりや地域活性化、あるいは就労の場所づくりなどが目的とされる。スタッフは、当番あるいはスタッフなどと呼ばれることが多く、利用客（者）とは雑談など日常会話をすることが多い。その会話の中には悩み事の相談もあるが、スタッフの個人的な体験談を話すことで解決する場合もある。さらにスタッフは、利用者（客）に積極的に関わり、初回利用客（者）がその場に馴染めるようほかの利用客（者）に紹介したり、あるいは地域の関係機関を紹介するなど、何かと何かをつなぐ役割を果たす。（倉持 2014:118-122）

この説明はバザールカフェの取組みと重なるところが多くある。実際、バザールカフェがコミュニティカフェとして紹介されることもある。たしかにバザールカフェは多様な属性の人たちが利用している。働くことに課題を持つ人たちの就労機会もつくっている。またスタッフと利用客の垣根が低く、相談が持ち込まれたり、専門的な機関に橋渡しすることもある。しかし、バザールカフェの関係者は、コミュニティカフェと呼ばれることにどこか収まりの悪さを感じている。

## 大切なのはマイノリティが生きやすくなること

倉持はコミュニティカフェを地域社会の課題解決の重要な社会資源とみなしているが、バザールカフェは必ずしも地域社会の活性化や課題解決を目的にしているわけではない。もちろんバザールカフェの客のなかには地域住民もいる。とはいえ実際は同志社大学の学生・教職員や近隣を超えた広範囲からの利用が多い。また、バザールカフェは人々を既存の社会に包摂することを目指していない。むしろ、生きづらさを生み出す社会のあり方に疑問を投げかけ、不可視化されやすかったり、排除されやすいマイノリティのエンパワメントに力を注いできた。すなわち、バザールカフェにとって地縁的なコミュニティの活性化・再生・補完はミッションの中心ではない。この点が一般的なコミュニティカフェのイメージと大きく異なる特徴といえそうだ。

では、バザールカフェは何を目的とする場所なのか。それを明らかにするためには、成立の背景から現在に至るまでの軌跡を捉える必要があるだろう。

## バザールカフェに巻き込まれる

### 学生スタッフとしてバザールカフェに関わってきた面々

バザールカフェが何を目指す場所なのか簡単にはわからない。それは関わりを続けるなかで徐々に理解できるようになったり、事後的に解釈できるようになったりする側面がある。以下の語りは大学の授業を通じてバザールカフェのことを知り、その後、学生スタッフとしてバザールカフェに関わった者たちの回想である。

――かおり

大学で社会福祉を学んでいたけど物足りない。「こんなんでいいのかな」と思っていた頃、バザールカフェに入って最初に思ったのは「ここは自由だ」ということ。なぜか学生の時に感じた窮屈さがない。福祉学科的な言い方でいうと、「児童」でもないし、「高齢」でもない。ここに来たら、そこにはまらない人たちがフラットに働く姿があって「面白いところやな」と。自分自身も混沌としていた時期だったので、それが許されたような。自分自身も許されながら働いたという。ここでいろんな面白い人たちに出会って自分の世界も広がったというか。新たな自分の道がひらけたような。

——かずみ

「ここは自由でいていい」みたいな、そういう場所を得られたという思いが私にはある。自由な自分に戻れる、心持ちが楽になるという場所だと思って。

——ゆきこ

バザールカフェでカミングアウトがさらっとおこなわれていた時に、「あ、そうなんだ、それが話したくなる場所、聞ける場所で、その人を包み込む場所なんだ」と。辛かったことをふわっと話せるってむずかしいことだと思うけど、それができてしまう場所。そういう場所がもっと増えたらとても生きやすくなるし、病気を抱えた人とも向き合い方が変わってくるなと思って。バザールカフェは勉強させてもらえる場所かなと。自分も勉強させてもらえる。こういう場所のような人間でありたいと思う。むずかしいけれど。

では、彼らはどのような経緯でバザールカフェに出会ったのか。当時、同志社大学で非常勤講師を務めていた故・榎本てる子が受講者の学生たちをバザールカフェに呼び込んでいたのだ。これまでの章でも紹介してきたとおり、榎本はバザールカフェの立ち上げからの中心人物であり、牧師、エイズカウンセラー、大学教員など、様々な属性を併せ持つ。バザールカフェの代表も長く務めてきた。そんな榎本が大学では得られない学びの機会を学生たちに提供していた。ただし、榎本は学生たちにバザールカフェがどのような場所なのか事細かには説明していない。「現場に放り込む」という表現は言い過ぎかもしれないが、学生たちが関わりを通じて得られる気づきを重視していたのだ。榎本はキャンパスでの学びに物足りなさを感じていたり、日々の生活の中でどこか息苦しさを感じていたりする学生を見つけては、バザールカフェにつなげていた。「この子ならバザールカフェにハマるかもしれない」。榎本は目利きが鋭く、人々をその気にさせてしまう独特の才能を持っていた。

## 榎本てる子、型破りなメディエイター（媒介者）

私も榎本てる子を通じてバザールカフェと出会った。２０１６年に関西学院大学の共同研究プロジェクトで榎本と接する機会を得たのだ。当時、榎本は関西学院大学の神学部の教員で、私は社会学部の教員だった。この共同研究プロジェクトは、周縁化されがちな人々が抱えているソーシャル・ディスアドバンテージ（社会的不利）の構造と、彼らへの支援実践を明らかにし、「文化的多様性を尊重する社会の構築」に資することを目的としていた。それまで私は主にホームレス支援の研究をしていたのだが、榎本から「是非バザールカフェを研究してほしい」と頼まれたことがきっかけで足を運ぶようになった。

当時、榎本てる子は大病を患っており、車椅子で生活していた。自身の容体が悪化するなかで一層、バザールカフェの社会的意義を発信していきたいという気持ちが強くなったのだろう。そんな榎本の熱意に押されるかたちで私はバザールカフェに通うようになった。それから2年間、定期的に慢性疾患をもつセクシュアル・マイノリティの自助グループ「サロン・ド・バザール」を参与観察していた。「サロン・ド・バザール」では毎回、ミーティングを始める前にカフェでランチを食べて、その後、リラックスした環境で自由に参加者たちの悩みや日々の出来事を共有していた。この自助グループに参加している人たちの生活に触れることが新鮮で、自然と足が向くようになっていた。そこでは参加者の悩み事を聞くだけでなく、私の悩みを吐露することもでき、解放感を味わっていた。調査のためにバザールカフェに関わったはずだったが、バザールカフェは個人的に大切な場所になっていった。そんな最中の２０１８年に榎本は55歳の若さで亡くなった。

榎本てる子は生涯をかけてバザールカフェを大切にしてきた。おそらく彼女の存在なくしてバザールカフェは誕生しえなかっただろう。そこで以下では、榎本が生きてきた歩みを紹介しながら、バザールカフェの設立に至る過程を紐解いてみたい。

榎本てる子は牧師、大学教員、エイズカウンセラーと様々な立場を持ち合わせており、型にはまらないスケールの大きな人物であった。榎本てる子は三浦綾子の小説『ちいろば先生物語』でも取り上げられた牧師の榎本保郎と妻・和子の次女として1962年に生まれた。高校卒業後に進学した関西学院大学の神学部では社会問題に関心を持つ仲間たちに恵まれた。対人援助の分野で注目されている「伴走型支援」を編み出したNPO法人抱樸の理事長で日本バプテスト連盟東八幡キリスト教会牧師の奥田知志は榎本が懇意にしていた同窓のひとりだ。

5章でも言及したとおり、榎本てる子は大学卒業後、カナダ留学を経て1990年に牧師となった。1992年に再びカナダに赴いた際には、トロントのエイズホスピスで研修を受けた。この経験が日本でHIV/エイズの支援の輪を広げる大きなきっかけになった。1993年に帰国した榎本は、カナダで学んだHIV/エイズに関する支援実践を日本で展開することを目指した。榎本はかねてから関わりがあった京都YWCAに働きかけ、HIV/エイズの学習プログラムを開始することになった。このプログラムでカナダのトロントとアメリカ合衆国のサンフランシスコに赴く学習セミナーを企画し、1994年には京都YWCA内に立ち上がったプロジェクト「若者・女性とHIV/AIDSプロジェクト（通称PAN）」がこれらの事業を担うようになった(1)。

このように榎本てる子はHIV/エイズ支援の最前線の取組みを日本に紹介する役割を積極的に果た

した。とりわけ彼女が活動の拠点としていた京都がその主な舞台となった。榎本は１９９４年に京都ＹＷＣＡのパートタイム職員として働くようになり、女性ＨＩＶ陽性者を対象にした電話カウンセリングや配食サービスに従事するようになった。榎本は自身が牧師として所属する日本キリスト教団京都教区と京都ＹＷＣＡの協働を促し、ＨＩＶ／エイズにちなんだプログラム開発、ワークショップ、セミナー、イベントなどが多数開かれるようになった。

## ＨＩＶ／エイズの社会問題化と京都が果たした役割

### エイズアクティビズムと京都

ここまでの記述からもわかるように、バザールカフェの立ち上げとＨＩＶ／エイズは密接に結びついている。そもそもＨＩＶ／エイズとはどのような疾病なのか。またこの疾病が社会にどのような影響を及ぼしたのだろうか。以下ではその概略を説明する。

ＨＩＶ（Human Immunodeficiency Virus ヒト免疫不全ウイルス）はヒトの免疫機能を司る細胞である

ＣＤ４を破壊するウイルスのことだ。ＨＩＶに感染した結果、免疫が低下して起こる病気の総称をＡＩＤＳ（Acquired Immunodeficiency Syndrome 後天性免疫不全症候群）という（新ヶ江 2022）。エイズは１９８１年に米国で初めて見つかった。カポジ肉腫やカリニ肺炎というめずらしい症状が若いゲイたちの間で見られ、その原因を調べるなかでＨＩＶという新しいウイルスが１９８４年に発見された。

ＨＩＶ感染症に対する画期的な治療法が見つかったのは１９９６年。ＨＡＡＲＴ（Highly Active Antiretroviral Therapy 多剤併用療法）というＨＩＶの増殖を抑える治療法が確立したのだ。それまでにもＡＺＴという治療薬があったが、全てのＨＩＶ陽性者に効き目があるわけではなかった。そのためＨＩＶ感染後、短い期間で死亡することが多く、アメリカのみならず世界中でパニックを引き起こした。１９８０年代後半から１９９０年代前半にかけては歌手のフレディ・マーキュリー、ＤＪのラリー・レヴァン、写真家のロバート・メイプルソープ、哲学者のミシェル・フーコーなど、各界の著名人が亡くなっており、ＨＩＶ/エイズが社会に与えたインパクトは甚大だった。

日本でもエイズを取り巻くパニックは相当に大きいものだった。１９８６年から87年にかけて国内の感染事例が次々とセンセーショナルに報道されたことで感染への恐怖が広がった。このことによってＨＩＶ/エイズに対する差別・偏見も多く生み出された（竹田 2013）。

ＨＩＶ/エイズは流行当初、ゲイ男性の間で爆発的に流行したため、アメリカ社会では同性愛嫌悪が広がった。当時のレーガン政権は病気の原因を自業自得とみなし、エイズ患者の支援をほとんどおこなわなかった。こうした逆境のなかで性的マイノリティやエイズ患者たちによる社会運動が活発化した。「エイズ・アクティビズム」と呼ばれるこうした社会運動は、政府、研究機関、製薬会社などに対して予防施策や薬の開発をおこなうように働きかけた（新ヶ江 2022）。なかでも１９８７年に発足したＡＣＴ ＵＰ（AIDS Coalition to Unleash Power 力を解き放つためのエイズ連合）の活動がよく知られている。

ＡＣＴ ＵＰは、それまでの政治的なデモと比べて視覚的インパクトを重んじる点でアートとの接点を多く持っていた。よく知られているのが「ＳＩＬＥＮＣＥ＝ＤＥＡＴＨ」（沈黙は死）というメッセージが掲げられたポスターだ。黒地にピンクの三角形が印象的なこの作品は、第2次世界大戦時、ナチスが同性愛者の囚人服に縫い付けた逆三角形のバッジのデザインを批判的に引用したものだ。ＡＣＴ ＵＰはこのように強烈な印象を残すプラカード、バッジ、キャップ、ステッカー、ポスターなどを制作し、抗議の意思を街中に広げていった。無関心を装う人々の意識に働きかけるためには、要求をつきつけるだけでは十分ではなく、アートを用いたアプローチによるアクティビズムが不可欠だったのである（中村 2013）。

エイズ活動のシンボル "SILENCE=DEATH" (2)

## ダムタイプとHIV/エイズ

エイズ・アクティビズムの動きはアメリカを超えて世界中に広がっていった(3)。日本でもエイズ・アクティビズムの動きが起こったが、なかでも京都を拠点に活動するパフォーマンスグループ「ダムタイプ」（Dumb Type）の関係者がもたらした影響は大きかった。

ダムタイプは1984年に京都市立芸術大学の学生たちが中心となり結成された。現在も活動が続いており、その作品は国内外から高い評価を受けている。ダムタイプの初期の代表作として知られているのが1994年初演の舞台作品「S/N」である。ダムタイプの中心メンバーだった古橋悌二(4)は1992年にHIV感染をメンバーに公表し、自らが演出・出演する「S/N」をつくり上げた。

「S/N」には、同性愛者の米国人や聴覚障害者、売春婦ら男女8人が登場する。スライドや映像などを多用し、女装やストリップ、激しい動作と、「愛とセックス」をめぐる登場人物の対話が組み合わさって構成されている。約1時間半のパフォーマンスを貫くのはエイズ、性、国籍、人種などの壁を取り払った自由な人間関係を「発明」しようというメッセージだった。古橋は「S/N」の世界公演のフィナーレを迎える直前の1995年にエイズに起因する敗血症によって35歳の若さで死去。その後も残されたメンバーで「S/N」は上演された。

ダムタイプがＨＩＶ／エイズをモチーフに含んだ「Ｓ／Ｎ」を練り上げていた頃、京都ではエイズ・アクティビズムに連なる動きが同時多発的に立ち上がり、異なる背景を持つ者同士の交流が盛んになっていた。この異種混淆が後のバザールカフェの設立の契機になった。当時の状況をダムタイプの元メンバーで、バザールカフェの設立に大きな役割を果たした小山田徹(5)は次のように説明する。

個人史としてはバザールカフェにつながる動機が大きくて。ＨＩＶ／エイズの問題と出会ったきっかけはダムタイプで一緒に活動していた古橋悌二がＨＩＶ陽性をカミングアウトしたこと。その日から全てが始まっている状態です。ダムタイプのオフィスが「アートスケープ」に引っ越して、社会的な活動や悩みを語り合う空間が営まれていたんです。そういう中でアクティビズムと表現の関係を考え始めるのが1993年から。1992年に古橋がカミングアウトして、その後、1〜2年、アートスケープを中心に京都のいろんな人間が出入りするようになった。その中でてるちゃん（榎本てる子）とも出会っている。1994年に横浜で国際エイズ会議(6)があったんだけど、そこで京都を拠点にいろんな活動をしている人ともつながって「何か共同で企画をしよう」と。ダグラス・クリンプ（アメリカの美術史家・エイズ活動家）を呼んでみたり、世界中の現場から患者のケアをしている人たちに来てもらってパーティを企画したり（2020年6月11日のインタビュー）。

小山田徹と共にエイズ・アクティビズムに関与していた美術家のきむらとしろうじんじんも、199

0年代前半に榎本てる子と出会い、バザールカフェの立ち上げに尽力した主要人物だ。

> ダムタイプの人たちが海外公演にいくたびに、いろんなポスターをもって帰ってきていて。日本では当時、「エイズ＝撲滅」といった趣旨の文言しかなくて。一方で小山田さんたちが海外から持ち帰ってくるポスターはとてもプラクティカルで。「感染者は身近にいる」ということが当然の前提とされているポスターと「何とかいなくさせよう」というポスターの違いが大きくて。その話にてるちゃん（榎本てる子）が興味をもって。「国際エイズ会議のプレイベントでエイズポスター展、やらへんか？」と頼まれて展示しに。それまで小山田さんやブブ・ド・ラ・マドレーヌ[7]たちがやっていたことが国際エイズ会議をきっかけに、てるちゃんみたいな医療に近い場所にいる人たちと接点をもち始めたという感じですね（2020年6月11日のインタビュー）。

## アートスケープとウィークエンドカフェ

ＨＩＶ／エイズのソーシャルワークに従事していた榎本てる子は、どのようにしてアーティストたちとめぐり合ったのか。その舞台となったのが、小山田徹らが立ち上げた「ウィークエンドカフェ」だ。小山田はウィークエンドカフェを始める前にアーティストの拠点となるシェアオフィス「アートスケープ」を仲間たちと運営していた。当初、アートスケープはジャンルを問わず表現の拠点となるアートセンターを構想していたが、古橋のＨＩＶ感染のカミングアウトをきっかけにＨＩＶ／エイズ関連の運動に携わるアーティストや学生が盛んに出入りするようになった。活動の柱となったのが、望ましい啓発ポスターの提案や国際エイズ会議への参加、展覧会や交流プログラムなどの活動を展開したエイズ・ポスター・プロジェクト（ＡＰＰ）だ(8)。漠然とした標語や差別的な表現が多い日本のポスターに対し、ＡＰＰのリーフレットやポストカードは、支援団体の連絡先や、感染後も安全にできるセックスの方法など、陽性者や周囲の人にとって必要な情報を具体的に伝えていた（朝日新聞２０１９年７月２日）。

このようにアートスケープではエイズアクティビズムに関わるアーティストたちの濃密な交流がおこなわれていた。しかし小山田徹はアートスケープがもつ先鋭性に限界も感じていた。

今までにない人たちとの出会いがない限りは、「どんなに話を詰めても物事は解決しない」というのは何となく感じていました。自分たちはクリエイターだし、新しい出会い方とかカルチャーみたいなものを提示することで変化を及ぼすことは野望というか。その頃の煮詰まった状態を何とかしたいという気分はあったんです。アートスケープにはいろんな人間が出入りして活動も生まれてくるんだけど、その中で一つ問題になったのが活動の先鋭化。「ジェンダーのことを考えたことないの?」とか、初めて来た人に対して無言の圧力が生まれてきていたんですよ。アートスケープが最初に描いていた「誰もが気軽に入れる場所」とはちょっと違うのではないかと。こういうことがあって編み出したのが「ウィークエンドカフェ」というプロジェクトでした（202

0年6月11日のインタビュー)。

ウィークエンドカフェは小山田ら京都在住のアーティストとつながりをもつ京都大学の大学院生との関わりがきっかけになっている。この大学院生は京都大学YMCAが設置する地塩寮に住んでおり、そこのデッドスペースの有効活用を小山田らに打診したのだ。小山田は当時の状況を次のように述懐する。

地塩寮のデッドスペースを片づけて2週間に1回、オールナイトのカフェをやっていました。ホームパーティの延長のようなもので。長机に布を被せて向かいの酒屋さんから仕入れたものを並べて、営業認可をとっていないのでカンパ制のような感じで値段は何となく決めて、釣り銭が出ないように切り上げて。安

ウィークエンドカフェがおこなわれていた地塩寮(9)

く飲める場所をみんなで運営するとすごい人が集まってくれたんですよ。1993年に始めて1996年まで3年間みっちり。ここにてるちゃん（榎本てる子）たちも来てくれたり。その頃、エイズの問題に取り組んでいた看護師たちがグチを言いにくるとか。京大が隣なのでいろんな学部の学生とか先生とか（2020年6月11日のインタビュー）。

ウィークエンドカフェはスタッフと客の境界が曖昧であり、そのことが居心地の良さを生み出していた。再び小山田徹の語りを引用する。

最初はスタッフと来るお客さんは別れてたんやけど、カウンターの側に入ると「そこの空間が居やすい」というのが何となくわかる。労働があって居る理由があるので。しかもお客さんのほとんどがマスター経験者になっていくんです。「自分のお店」という状態になって準備も片付けもみんなでやっていたよね。誰彼となくカウンターの側に来て運営してくれる状態が3年間続いていました（2020年6月11日のインタビュー）。

ウィークエンドカフェは多様なつながりを生み出す場として大きな役割を果たしていた。しかし、運営に関わっていた寮生たちが卒業して継続が困難になった。さらにウィリアム・メレル・ヴォーリズが設計した地塩寮（京都大学YMCA会館）が国の登録有形文化財に指定されることに伴って改修工事が必要となった。これらの理由によりウィークエンドカフェは惜しまれつつ、その活動に終止符が打たれた。

榎本てる子もウィークエンドカフェがなくなることに胸を痛めていた。当時は携帯電話が普及しておらず、ウィークエンドカフェでつながった人たちと気軽にコンタクトを取ることは簡単ではなかった。このような局面で小山田は榎本から「別の場所でウィークエンドカフェのような集いの場をつくらないか」と提案を受けた。

てるちゃん（榎本てる子）は「ウィークエンドカフェはいろんな人に会えるからすごいと思っていたけど無くなったら寂しい、困る」と言って現在のバザールカフェの場所を探してくれたんですよ。「ここでウィークエンドカフェ方式でやったらどうか」と。当時はカウンターもテーブルもなくて、みんなで座机をつくってホームパーティを開く感じで。バザールカフェという名前は私が提案したんです。「市場のように人が集まる場所」という、大きな思想がついてない名前が良いんじゃないかということで（2020年6月11日のインタビュー）。

こうして今出川駅から至近の場所にある元宣教師館の「クラッパードイン」にバザールカフェが発足した。当時、クラッパードインは日本基督教団京都教区が管理していたが、榎本たちが月に一度、聖書研究会をおこなう以外はほとんど使われていなかった。榎本はバザールカフェを発足させるための委員会をつくり、そこに京都教区の関係者のほか、小山田などのアーティストたちも加わっていった。

## ありのままを受容するリノベーション

クラッパードインはもともと宣教師館だったため、カフェ営業が可能になるようにリノベーションを施す必要があった。そのため寄付金を集め、１００人ほどのボランティアが協力し、大規模な改装を行った。バザールカフェは地下鉄今出川駅から至近の場所にありながら約２００坪の敷地があり、建物だけでなく大きな庭がある。この空間をどのようにすればより心地良く、効果的に使えるかが検討された。リノベーションに深く関わった小山田徹ときむらとしろうじんじんは当時の状況を次のように振り返る（２０２０年６月11日のインタビュー）。

――小山田徹

(リノベーションの) お金を集めてきてもらっていよいよ改装ができる段階になると具体的に決めていかないといかんから「もう会議してても決まらへんから作業をしよう」と。いきなり夏休みに40日くらいかけて、ここ (バザールカフェ) をつくる。作業をしながら、いろんな話をしててんけどな。すごく楽しかった。

――きむらとしろうじんじん

デッキの作業で小山田さんは友人で設計士の岡田記一さんを誘ってきて、彼が設計者になって。素人でも関われる方法でつくっていく設計をしてくれて。その作業にたくさんの人が関わったんですね。バザールカフェのミッションの部分ともつながるけど、作業を介してまったく違う関係性に目覚めた人が多かったと思う。「作業を介して人と場を共にすることはこんなに面白いし可能性があるのか」ということを感じたのはデッキづくりの作業が大きくて。

――小山田徹

ここの空間（バザールカフェ）が、バシバシにカッコいい空間である必要があるのか。ウェルメイドにつくられたサービスで運営されたらいいのか。「ちょっと足りないくらいの方が、何かが立ち上がって、ええ

人と場を共にすることの面白さに気づいたデッキづくり。中央には榎本てる子

んちゃう？」とか「ダサいくらいのデザインがホッとするんとちゃう？」とか、価値観の話はしていたような気がする。その中で人が話し合える隙間やきっかけができたりすることが組み込まれたんじゃないかな。わざと手間がかかるように。手伝いの人がたくさんいるからプロだけでやると一瞬で済むんやけど。あと「ザラつきがあること」とか「つるピカじゃないこと」とか。「隙間」とか「手がかり」みたいなもんを空間としても組織としても持ちたいし、というのがあったような気がする。完璧なものをつくっても絶対に愛は湧かないので。自分たちがどこかで関わって獲得感のあるような空間が絶対必要なんやと。

――**きむらとしろうじんじん**

（リノベーションの）作業プロセスも、超お洒落なカフェをつくるのではなく、素人が木ネジとドリル、ドライバーで、どうやったら組み立てられるかを自然に。モッサイけど。今の用語でいうなら、きっと「関わりしろのある」という言い方でまとめられるんだろうけど、「余白と、関わりしろ」を意識した。

――**小山田徹**

そういう形で作業に参加した人が、そのままバザールカフェのスタッフになったり、運営に参加してくれる状態で。アーティストも多かったし、建築志望の学生とか。お兄ぃ（古橋悌二の兄）が知り合いの庭師さんを連れてきはったんですよ。「庭師、辞めようかな」と悩んでいる時だったのですが、ここで作業をやるとプロだから周りが「おおー!」と言うんです（感動する）。そこから持ち直して。そういう形で集まった人々が最初のバザールカフェのスタッフの半分くらいかな。

これらの語りが示すようにバザールカフェは、居場所となる空間、多様な人々が共有できる空間を意識的につくり上げていった。リノベーションに参加したメンバーがバザールカフェの運営スタッフになり、ビジョンを共有していった。そして実際に場ができあがることで、榎本たちが実践したいと温めていたアイデア、たとえば働きの場を持たない外国人をシェフとして雇用したいという夢を具現化する土台が整った。先の語りにあるように、バザールカフェの初期のスタッフはリノベーションに関わったボランティアが多数関与した。榎本と関わりがあったＨＩＶ陽性者たちもリノベーションに関わっており、その時の経験がバザールカフェへの愛着に結びついている者もいる。

興味深いのはバザールカフェが目指す混ざり方である。以下に引用する小山田の語りには、バザールカフェの空間利用に対するこだわりがうかがえる。

空間が広ければ、あと開放的であれば、さまざまなスタイルを持った人が存在していて、それが他者とかほかのグループに対して影響力をもちにくいから気楽に存在できる。融合するんやったら長い時間をかけて融合もできるし、一人でいたい人は庭の端っこへ行ってぼうっと過ごすこともできる。（北原 2000:140）

バルコニーの組立て作業

白のペンキでバルコニーを塗装

多くの仲間たちと製作したバルコニー

デッキとゆるやかにつながる広々とした庭

このようにバザールカフェは画一的な方向性を追求しない。一見バラバラでありながらつながりが感じられる独特のあり方は、もともとの空間的特徴にバザールカフェをつくり上げた関係者たちの思いが重なる中で形成されていったといえるだろう。

## インクルーシブなカフェの成り立ち：キリスト教とアートの邂逅

バザールカフェは1998年に日本キリスト教団京都教区とバザールカフェプロジェクト運営委員会の共同プロジェクトとしてスタートした。このカフェはＨＩＶ／エイズ関連団体、滞日外国人支援団体、キリスト教会、キリスト教の牧師・宣教師、芸術家、教員、学生など様々な活動に携わる人たちが、活動内容や立場を超えて自然に出会い、「共に生きる」ことのできる場を創出することを目的につくられた。バザールカフェの成り立ちは大きく2つの系譜の連なりから捉えることができる。ひとつは社会課題に関心を持つキリスト教関係者の系譜。そしてもうひとつが社会課題に関心を持つアーティストの系譜である。これらの異なる系譜が1990年代に京都の地で交差することでバザールカフェが生まれた。

「ヴォーリズ建築の宣教師館をリノベーションしたカフェ」。字面だけを見ると華やかな印象だが、運営を成り立たせるためには様々な工夫を要する。もちろんカフェ営業を通じた収益はあるが、寄付によって活動が成立している側面もある。バザールカフェに集まる寄付の多くはキリスト教関係者によるものである。バザールカフェは表立ってキリスト教の活動をしているわけではないが、キリスト教関係者にとってはバザールカフェの取組みが信仰理念に合致するものであり、「広義の教会活動」として位置付けられている側面もある。

個人の寄付以外でバザールカフェを経済的に大きく支えているのは日本キリスト教団京都教区と米国合同教会グローバル・ミニストリーズ(10)である。京都教区は「アジア宣教活動委員会」の取組みにバザールカフェを位置づけ、その活動を支えている。また米国合同教会はバザールカフェの理念に共感し、手頃な料金でクラッパードイン（バザールカフェの土地・建物）を京都教区に貸している。土地・建物の管理運営は京都教区のアジア宣教活動委員会が担う一方、カフェの運営についてはバザールカフェプロジェクト運営委員会が責任をもつ。運営委員は牧師、ソーシャルワーカー、美術家、学者など多様な人々で構成されており、キリスト教の信仰を持たない人々も含まれる。バザールカフェの取組みはスタート時点から京都教区とバザールカフェプロジェクト運営委員会の共同プロジェクトであり、異種混淆的な性質を持っていた。このようにバザールカフェは異なるバックグラウンドを持つ人々で構成されているが、共通の理念（ミッション）を有している。榎本てる子によるとそれは次の2点に大別される（榎本 2019a）。

①セクシュアリティー、年齢、国籍、病気など様々な現実に生きている人々がありのままの姿で受け入れられ、それぞれの価値観が尊重され、社会の中で共に生きる存在であることが相互に確認される場を目指す。そしてこのような様々なことが実は個人の一つの特徴であることが、当たり前に受け入れられるような社会となる小さなきっかけづくりをしていくことを目的とする。

②バザールカフェは従来のカフェ（喫茶店）の概念を拡げ、人が出会い、交流し、情報を交換し、社会で行われている多様な活動への窓口になると同時に、様々な事情を持つ滞日外国人、病を抱える人たちなど社会参加の機会が少ない人たちに就労の機会を提供し、同時に共に働くことにより、社会問題を学ぶ機会を学生に提供していくことを目的とする。

これらの理念が示すように、バザールカフェは社会から排除されがちな人々と共生することの意義が明確に共有されていた。設立当初のバザールカフェは月に2回、土曜日にホームパーティ形式のカフェとしてスタートし、滞日外国人がフィリピン、韓国、ネパールなど母国の料理をつくって提供していた。この取組みに学生、ＮＧＯ関係者、教会関係者らがつながり、ボランティアとしてカフェの運営に携わるようになった。１９９９年には木・金・土の週3日営業になった。カフェでは滞日外国人や身体的・

精神的理由から就労機会を得にくい人々に仕事を提供し続けた。

当時、榎本てる子が関与していた京都ＹＷＣＡではアジアン・ピープル・トゥゲザー（ＡＰＴ）という事業を通じて滞日外国人の支援を行っていた。また、日本キリスト教団京都教区はネパールの村落部の開発援助やタイの少数民族であるカレン族の女性の支援、日本滞在を経て帰国したフィリピン人女性の支援などをおこなっていた。両団体とも周縁化された人々への関心を強く持っており、これらの取組みが後にバザールカフェの事業と結びつくようになったのだ。

バザールカフェが移民として来日した外国人をシェフとして雇用することを試みたのは、それまでの外国人支援がＤＶ被害や失業といった緊急対応に偏っていたことにある。緊急的な支援が終わっ

オープン当時のバザールカフェ。みんなでつくり上げたデッキはバザールカフェの顔に

た後に生活が安定するかというと必ずしもそうではない。周縁化され、不安定な暮らしからなかなか抜け出せない外国人たちにとって、「どのように自分らしく生きるか」が課題となっていた。バザールカフェはこうした外国人たちが自分らしくできる仕事を担い、自尊心を持てる場として母国料理を提供するシェフの仕事を創出したのである。バザールカフェで様々な国の料理を日替わりで食べることができるのはこうした事情による。外国人のほか、ＨＩＶ陽性者など一般就労が困難な人たちを雇用することもバザールカフェの重要なミッションとなってきた。

## 困難と隣り合わせのカフェ運営

### 「社会的包摂」と「経営」の両立困難

バザールカフェは立ち上げから数年の間にカフェ営業を本格化させただけでなく、様々な課題を持つ人々の生活を支える事業を次々と立ち上げてきた。また、アーティスト、研究者、ソーシャルワーカーなどと連携しながら人権や社会福祉を学ぶ機会をつくってきた。さらにマイノリティの支援に関わる多様な団体との協働を進めてきた。

ただし、財政的には不安定な状態が続いたこともあり、最初の10年間は目まぐるしく店長が交代している。また、先述したバザールカフェの理念は運営委員間で共有されていたものの、それらを実際の活動に落とし込む際に意見のぶつかり合いがあった。そのため、バザールカフェの立ち上げに大きな役割を果たしたアーティストたちの関与は次第に薄くなっていった。開業から2～3年間バザールカフェで店長を勤めていた日向幸太郎は、このときの葛藤状況を次のように語る。

榎本先生は「問題を明確にしてどんどん解決しよう」、「利用される人の問題解決にダイレクトにつながる形で支援していける場をつくりたい」という思いがあった。一方、小山田さんは「そのような場になると支援を必要としていない人にとっては居心地の悪い場所になったり、特殊な場所になってしまい、せっかくバザールカフェをやる意味がない」という考えかな。榎本先生は（キリスト教関係者からの）献金を集めに走り回って「こういうことをするためにお金を出してください」と言っているから、ある程度形もつくらないといけないし、献金してくれた人の思いにも応えたい。ジレンマはあったと思います（２０１９年６月26日のインタビュー）。

この語りが示すように、運営委員間でもバザールカフェのあり方について微細な認識のズレがあった。すなわち、「明確なミッションに基づき、困難を抱える人たちを支えていこうとする考え」と「曖昧で混沌とした空間に価値を見出そうとする考え」の相違である(11)。こうしたジレンマを抱えながらもバザールカフェの運営は続けられていった。

## 多様な背景を持つ歴代店長たち

バザールカフェの運営は必ずしも順風満帆ではなかったが、その後も当初の理念を大きく曲げることなく、社会から排除されがちな人々を受容し続けた。２００８年には日本キリスト教団京都教区に所属する教役者（現在は牧師）が店長に着任し、6年間にわたってバザールカフェを支えた。２０１４年からは榎本てる子を通じてバザールカフェにつながった滞日外国人が店長になった。そして２０１７年からは依存症の経験をもつ人物が店長を担っている。このように店長だけを見ても多様な背景を持つ人々がバザールカフェを担ってきたことがうかがえる。歴代店長の何人かは当初、支援を受ける立場としてバザールカフェに関わるようになった。その過程で就労の機会を得て、後に店長となり、今度は様々な困難を持つ人々を受け止め、支える立場になっていった。バザールカフェの特徴のひとつに「支援―被支援の垣根の低さ」があるとするならば、それは何かしらの当事者性を有するスタッフの特徴によるところも大きいだろう。

## ブレンディング・コミュニティという支え合いのかたち

### 気に留めつつ、必要以上に踏み込まない

　バザールカフェはしばしば誰がスタッフで、誰が客なのかわからない状況が生起する。カフェの利用者がキッチンに入って洗い物を手伝うような光景は頻繁に目にする。このような緩やかな主客関係はバザールカフェの大きな特徴であり、利用者には居場所の感覚を生起させやすい。こうした緩やかな交わりは、専門知に基づく支援とは異なる効用をもたらす。「支援らしくない支援」あるいは「支援臭の強くない支援」を具体的に示すものとして、小山田徹と

榎本てる子とバザールカフェの創設を支えてくれた村上征三牧師

きむらとしろうじんじんの語り（２０２０年６月11日のインタビュー）を再び引用したい。

―きむらとしろうじんじん

てるちゃん（榎本てる子）がＨＩＶポジティブの人から相談を受けて、「じゃあ、ちょっとバザールカフェで働いてみるか？」と、その時の店長と話をして決めて。でも「ＨＩＶポジティブの人」としてスタッフ間で共有はされない。そこは、てるちゃんとか一部の人だけが知っている部分。「（この社会に）ＨＩＶに感染している人はいる」というのが、唯一の大前提だと思います。「普通にいますよ」、「隣にもいますよ」と。「いない」という前提には絶対しない。「いる」という前提で場をつくることは意識していた。

―小山田徹

労働をしたり、外国から来た方と一緒に皿洗いしながら個人の秘密を聞かされるんです。「私、ビザ切れてるねん」「病気抱えてるねん」とか。雑談しながら労働していて「どう考えても、このことを他者に話すのはダメだよね」という感覚を多くの人が獲得してたんやと思う、スタッフたちも。わざわざ明言しなくても済んでいたことで。「個人的に知る」というタイミングはポツポツあるんですよ。

これらの語りからバザールカフェが「包摂的であること」を目指しつつ、「必要以上にプライバシーに踏み込まないこと」が重要な規範になっているとわかる。こうした規範は現在に至るまで持続している大きな特徴といえるだろう。バザールカフェは他者とつながり、仲間と出会える日常的な拠点としての側面がある。一方で専門的な支援につなぐための中継地点であり安全地帯でもある。

バザールカフェに関わる者はスタッフであれ利用者であれ、自分が受容され、他者を受容する経験をしている。それを可能にしているのがキッチン、カフェスペース、庭などである。様々な機能を持った空間の複合が多様な人々との共生を可能にしている。

## ブレンディング・コミュニティとは何か

生前、榎本てる子はバザールカフェが目指す共生のあり方を「ブレンディング・コミュニティ」と呼んでいた。ブレンディング・コミュニティは一般に流通している概念ではない。いわば榎本の造語だが、本人はこの言葉を明確に定義した論考を残していない。したがって、現在、バザールカフェに関わる者たちが、これまでの実践からその含意の解釈を試みた。

「ブレンディング・コミュニティ」は3つの要素から構成されているといえるだろう。

## （1）Blend：混ぜる、混ざる

Blendには「混ぜる」、「混ざる」の意味がある。この社会には様々な国籍、宗教、エスニシティ、ジェンダー、セクシュアリティ、社会階層の人々で構成されているが、必ずしも混ざり合っているわけではない。むしろ、分断が目立つようになっている。そんな中でバザールカフェは同質性によってまとまるのではなく、多様性（ダイバーシティ）が尊重される混ざり方を実践してきた。多様性は耳障りの良い言葉だが、現実は困難と隣り合わせだ。いきなり「他者」を十全に受容できるわけではない。バザールカフェではわからなさを抱えながら混ざり合い、徐々に「他者」を受容してきた。

## （2）ing：現在進行型

多様性が尊重されるコミュニティはブレンデッ

デッキでくつろぐ私と松浦千恵

ド・コミュニティ（blended community）と呼ぶことができるかもしれない。しかし、バザールカフェではブレンディング・コミュニティ（blending community）という呼び方をする。現在進行形のingは、静的ではなく、動的であることを意味しており、常に異質なものに対してひらいているという意識的な努力が含意されている。そのひらき方をめぐって関係者の中で意見の相違や違和感が生まれることもある。バザールカフェは内部に様々な葛藤を抱えてきた。しかし、その中で粘り強く対話を積み重ね、変化を受け入れてきた。

### （3）Community：コミュニティ

Community（コミュニティ）という概念は「地域社会」を指す概念として用いられることがあるが、同時に「社会的つながり」を示す概念でもある。バザールカフェはいわゆるコミュニティカフェの概念に収まらない存在だと考えている。というのも、バザールカフェが想定するコミュニティは地域社会という枠組みを越境するからだ。バザールカフェは多様な立場の人々が混ざる環境をつくることで、「他者」を発見すると同時に、「自己」を発見する営みが続けられてきた。

バザールカフェで生まれるつながりの濃淡は人によって様々である。日常的に関わっている者同士が必ずしも仲が良いわけでもない。それでもそこは重荷を下ろせる場であり、「助けて」と言い合える関係がある。どのような背景を持っていても、個々の存在が無視されず肯定されている。このようなありようこそがバザールカフェが目指す「ブレンディング・コミュニティ」の形である。

バザールカフェは対象を細かく限定することなく、包摂的な実践を進めてきた。また、2章や3章で詳述したように、スタッフたちは単に包摂の担い手ではなく、バザールカフェに受け止められ、解放されてきた人たちでもある。そこは単に居心地が良い場所ではなく、他者の生き方を知ることで自身の生き方を絶えず再考する場所でもある。1998年に宣教師館を改装してでき上がった空間は、時間の堆積に伴い、より多様な人たちが集う場所となった。今後もバザールカフェがひらいている限り、想定外の出会いが生まれ、凝り固まった価値観をほぐし続けていくことになるだろう。

| | |
|---|---|
| 1982年 | エイズ命名 |
| 1985年 | 第1回国際エイズ会議（アトランタ） |
| 1980年代後半 | 日本で最初のエイズ患者が報告されエイズ・パニックが広がる |
| 1987年 | HIV / エイズの活動家グループ「ACT UP」がNYで発足 |
| 1991年 | NYの芸術家や美術関係者のグループ「ビジュアル・エイズ」がレッドリボン運動を開始 |
| 1992年 | ダムタイプの中心メンバー、古橋悌二がHIV陽性を友人らにカムアウト |
| 1993年 | 京都市芸大の卒業生を中心にエイズポスタープロジェクト（APP）が京都で始動 |
| 1994年 | ダムタイプ、エイズやセクシュアリティなどを主題にした「S/N」上演 |
| | 第10回国際エイズ会議（横浜） |
| 1995年 | ダムタイプの中心メンバー、古橋悌二、HIV感染による敗血症で死亡 |
| 1998年 | バザールカフェ発足 |

バザールカフェ発足までのHIV／エイズに関する国内外の略史

## 注

（1）ＰＡＮが始まる前の１９９１年に京都ＹＷＣＡでは「ＡＰＴ」という外国人を対象とした電話相談事業をおこなっていた。ＡＰＴで対応していた外国人のなかにＨＩＶ陽性者がいたことから、ＰＡＮに通訳を派遣するなど、両事業のネットワークが構築されていった。

（2）ACT UP NEW YORK, INC., (1987), "SILENCE=DEATH," THE SILENCE=DEATH PROJECT POSTER

（3）１９９０年代初頭のフランス・パリのエイズ・アクティヴィズムの様子はカンヌ国際映画祭のグランプリを受賞した映画「ＢＰＭ」でも取り上げられている。

（4）１９６０年京都生まれ。京都市立芸術大学美術学科卒業。１９８４年に美術集団「ダムタイプ」を結成。パフォーマンスやインスタレーションなど様々な表現による作品を発表し、世界各地で精力的に活動を行う。１９９２年にＨＩＶ陽性を公表。１９９５年ＨＩＶ感染による敗血症のため35歳で他界（古橋 2000）。生前に榎本てる子との親交があった。

（5）１９６１年生まれ。京都市立芸術大学在学中１９８４年に古橋悌二らと「ダムタイプ」を結成。ダムタイプの活動と平行して１９９０年から「アートスケープ」や「ウィークエンドカフェ」などの共有空間を開発。バザールカフェの立ち上げに尽力した。現在は京都市立芸術大学教授。

（6）横浜のパシフィコで開催された第10回国際エイズ会議は医療関係者やＨＩＶ/エイズの当事者しか参加できなかったため、小山田が中心となって会議場前の広場を借りて、「ラブ・ポジティブ」という交流の場をつくり、ダンスパーティとスライドショーを開催した。

（7）１９６１年生まれ。１９９１年からダムタイプに参加。１９９４年から１９９６年にかけてＳ/Ｎに出演。その後も国内外のアーティストとの共同またはソロでパフォーマンス、映像、テキストなど、様々なメディアによる作品を発表してきた。制作活動に並行し、ＨＩＶ/エイズとともに生きる人々やセックスワーカー、女性、セクシュアルマイノリティなどの健康と人権に関する市民運動にも従事。

（8）ＡＰＰは、京都市立芸術大学の卒業生や在学生、京都市内の大学生や有志が集まって、１９９３年春に京都で開始された。日本では１９９０年代になってもＨＩＶ陽性者やエイズ患者、様々なマイノリティを排除しようとする状況があり、ＡＰＰはそうした状況に対してポスター、フライヤー、スライドショーなどのビジュアル表現などによって、自分たちの無知・偏見・無関心を見直しメッセージを発信する活動を行った。丸田町にあるクラブＭＥＴＲＯではＡＰＰが主催する「ＣＬＵＢ　ＬＵＶ＋（クラブラブ）」というエイズ・ベネフィット・ダンスパーティが１９９４年から２０００年にかけて開催されていた。また、ＡＰＰでは制作だけでなく、世界各地のＮＧＯなどによって制作されたＨＩＶ／エイズに関するポスターの収集も行っていた。

（9）日本ＹＭＣＡ同盟「京都大学ＹＭＣＡ地塩寮」、https://www.ymcajapan.org/society/student/chienryo/（２０２４年５月２日最終閲覧）

（10）榎本は米国合同教会が社会正義、移民問題、マイノリティ問題、セクシュアリティに対する取組みを積極的におこなってきたため、バザールカフェのプロジェクトに賛同したと述べている（榎本 2019a）。

（11）バザールカフェの立ち上げ時、その理念の打ち出し方について榎本は葛藤を抱えていた。当時の様子をきむらとしろうじんじんは次のように述懐している。

**大量のプラクティカルな側面を抱えていたのは、てるちゃん（榎本てる子）の方だと思うんですよ。てるちゃんは、めっちゃ急いでたんやね。いろんなケアをしないとあかん人とかいて、早くつくりたい。そのためには「ミッション」が必要だと。一番覚えているのはボランティア募集の文言の紙の中に「キリスト者として」という言葉を入れるかどうかで大喧嘩をして。てるちゃんが激昂して、その紙をクシャクシャにして僕の顔に投げて「もう、あんたら、好きにしたらええやんけ」とバーッと出ていったとかね。**

## 参考文献


・朝日新聞（１９９０年６月26日）「立ち上がるエイズ患者ら　国際会議で議論白熱」

・朝日新聞（１９９６年３月６日）「エイズ訴え　演出家・故古橋悌二さんの「Ｓ／Ｎ」に反響」

・朝日新聞（２０１９年７月２日）「性の枠組み、乗り越えたい　京都精華大でアートスケープ展」

・榎本てる子（２０１９ａ）『愛し、愛される中で　―出会いを生きる神学』日本キリスト教団出版局

・榎本てる子（２０１９ｂ）『愛の余韻　―榎本てる子　命の仕事』いのちのことば社

・大島岳（２０１９）「ＨＩＶ／エイズ研究におけるスティグマ概念・理論の変遷と現在的課題」『現代社会学理論研究』、13巻、96〜110ページ

・奥田知志・稲月正・垣田裕介・堤圭史郎（２０１４）『生活困窮者への伴走型支援　―経済的困窮と社会的孤立に対応するトータル

サポート』明石書店
・風間孝・河口和也（２０１０）『同性愛と異性愛』岩波書店
・風間孝・河口和也・守如子・赤枝香奈子（２０１８）『教養のためのセクシュアリティ・スタディーズ』法律文化社
・北原恵（２０００）「アート・アクティヴィズム（28）獲得する共有空間、そして喜びの交歓　―小山田徹とバザール カフェ」『インパクション』、１１７号、１３６～１４７ページ
・九州大学ソーシャルアートラボ編（２０１８）『ソーシャルアートラボ　―地域と社会をひらく』水曜社
・熊倉敬聡（２００３）『美学特殊Ｃ「芸術」をひらく、「教育」をひらく』慶應義塾大学出版会
・倉持香苗（２０１４）『コミュニティカフェと地域社会　―支え合う関係を構築するソーシャルワーク実践』明石書店
・小西加保留編（２０１７）『ＨＩＶ／ＡＩＤＳソーシャルワーク　―実践と理論への展望』中央法規出版
・齋藤保（２０２０）『コミュニティカフェ　―まちの居場所のつくり方、続け方』学芸出版社
・白波瀬達也（２０１５）『宗教の社会貢献を問い直す　―ホームレス支援の現場から』ナカニシヤ出版
・白波瀬達也（２０１８）「セクシュアリティ、ＨＩＶ、薬物依存の課題に向き合うミーティングへの参与過程　―サロン・ド・バザールのリーフレット作りを中心に」『関西学院大学先端社会研究所紀要』、15号、87～90ページ
・新ヶ江章友（２０１３）『日本の「ゲイ」とエイズ　―コミュニティ・国家・アイデンティティ』青弓社
・新ヶ江章友（２０２２）『クイア・アクティビズム　―はじめて学ぶ〈クイア・スタディーズ〉のために』花伝社
・竹田恵子（２０１３）「１９９０年代京都市左京区におけるＨＩＶ／エイズをめぐる市民活動　―『主体化』の観点からの検討」『年報カルチュラル・スタディーズ』、１巻、１６５～１７６ページ
・竹田恵子（２０２０）『生きられる「アート」　―パフォーマンス・アート《Ｓ／Ｎ》とアイデンティティ』ナカニシヤ出版

・中村美亜（2013）『音楽をひらく』水声社

・西日本新聞（2020年7月23日）「遮られる世界　パンデミックとアート　椹木野衣　エイズ（下）『沈黙は死』抗議の意思を伝播　クレーマーさんの『大いなる怒り』」

・藤田淳志（2003）「ダムタイプ　-アートと政治性の両立へ」『多元文化』、3巻、161～173ページ

・古橋悌二（2000）『メモランダム』リトル・モア

・本郷正武（2007）『HIV/AIDSをめぐる集合行為の社会学』ミネルヴァ書房

・毎日新聞（1994年8月5日）「国際エイズ会議1　いま、地球規模の挑戦　患者と共存の道を探る」

・毎日新聞（1995年1月13日）「ダム・タイプ　感動の舞台」

・毎日新聞（1995年11月17日）「古橋悌二の死と志」

・松浦千恵（2018）「癒しの共同体『バザールカフェ』」『福音と世界』、73巻11号、24～29ページ

・山崎克明・奥田知志・稲月正・藤村修・森松長生（2006）『ホームレス自立支援　—NPO・市民・行政協働による「ホームの回復」』明石書店

・山田創平・樋口貞幸編（2016）『たたかうLGBT&アート　—同性パートナーシップからヘイトスピーチまで、人権と表現を考えるために』法律文化社

・山納洋（2016）『つながるカフェ　—コミュニティの〈場〉をつくる方法』学芸出版社

・読売新聞（2020年4月27日）「情報社会の人間性みつめ　京都の芸術家集団『ダムタイプ』」

## おわりに

### つきまとう葛藤

バザールカフェは当初から、考え方も違う、持っているものも違う、生まれ方も生き方も異なる多くの人たちの手でつくられてきた。そのプロセスでは、参画する人それぞれの多様なあり方をつねに尊重することが大切にされてきたのだと私は思う。

個人の経歴や心身の状態について、その開示のタイミングや方法は本人にだけ決められるべきだ。バザールでは匿名性の担保のために、いくつかのルールを共有してきた。建物や庭を撮影するお客さんがいれば、スタッフを含めた個人の顔が写りこまないように伝える。ボランティアには初回時に本名や経歴を言わなくていいことや、守秘義務のことを説明するなど。

ちなみに設立当初からしばらくは、テレビ番組や新聞の取材には一切応えず、バザールの活動を詳しく文字にすることとさえ避けていた。しかし現在は取材に応えたり、大学の講義や研究会などでバザールの活動を話したりすることも少なくない。それはとくにこの数年間で、バザールの社会的な役割が変わってきたということを感じざるを得ないからだ。網の目が幾重にも張られたバザールの「包括的な支援」や「居場所」的な役割は、地域社会においてその認知や価値が高まってきているといえる。本書ではバザールの活動や理念をより具体的なイメージとともにお伝えすることを優先して、登場する人を特定の属性で説明することもあったが、普段ではそうした説明はできる限り避けている。このことは2章に詳しく書いている。しかしながら2章や3章で挙げたようなケースを示すことで、いわゆる当事者や周囲にいる人、支援者には、登場人物とバザールとが日常的にどんなふうに関わっているのかイメージを持っていただけたのではないかと思う。

なお本書に登場する本人や周囲の人たちとは、プライバシーを保護する観点から相談や添削をおこない、できる限りの配慮と推敲を重ねて本書が完成したことを述べておく。

また、活動を文字にするときに覚えておかなくてはいけないのは、必ず文字にした「以外」の人たちの存在がいるということだ。しんどい状況の人もいればそうでない人もおり、ある人のことを説明したカテゴリーの中に自分も入れられているような不快感を持つ人もいたかもしれない。活動を言葉や文字にして社会に発信する際には、いつだって揺れ、いちいち立ち止まり、葛藤している。本書を読んで気になることは、ご指摘いただけるとありがたい。

## そこから社会に広がる小さな波紋

葛藤や違和感、とまどい、やるせなさなど、バザールに関わってきた人たちはどれほど体験してきただろうと思う。私も何度かやめてしまいたいと思ったものだ。他者といる以上、どうしてもわかり合えないことが起こる。自分の内にある偏見が顔を覗かせることもあるだろうし、蓋をしてきた過去を思い出したりすることもあるかもしれない。

ただそれらを無しにするのでも悪とするのでもなく、どの感情や考えも大切に持っておくことを、決着をつけないというかたちで、この場はゆるしてくれているように思う。

バザールカフェに流れる空気を吸い込んで、様々な視点を得た人たちは、別の場所でもその種をまいていく。大きな社会のなかでは小さな波紋に過ぎないかもしれないが、その態度や姿勢は確実に人から人へと何かを伝えていると感じる。バザールカフェが社会に変化をもたらしていく場であることに確信をもつとともに、私も種をまく未熟な一員であれたらと願う。

## バザールカフェのこれから

２０２０年、ＷＣＭ（Wider Church Ministries ＵＣＣの宣教活動部門）が宣教師館として活用してきたクラッパードインの土地建物を整理することとなり、ＷＣＭは土地建物を売却するのではなく、引き続きバザールカフェの働きを続けてほしいという願いを表明した。この願いを実現するためにＷＣＭ、日本キリスト教団京都教区、バザールカフェの三者は、一般財団法人設立に向けた準備を数年かけて丁寧におこなった。そして２０２３年2月にＷＣＭ、日本キリスト教団京都教区、バザールカフェの三者によって「一般財団法人クラッパードイン」が設立された。

バザールカフェが今後も活動を続けていくことに変わりはないものの、法人設立は25年以上にわたる活動の歴史の中でひとつの節目となったことは間違いない。本書がこの節目に生まれた産物だと思うと感慨深い。

本書を書くにあたり、インタビューに応えてくださった方々をはじめバザールに関わってこられた数多くの方々に、心からの敬意と感謝の気持ちを表したい。そして何度もバザールに足を運んでくださり、三歩進んでは二歩下がる私たちに寄り添い続けてくださった学芸出版社の岩切江津子さん、本を書くことがほぼ初めての執筆陣を完成まで導いてくださった岩崎健一郎さん、安井葉日花さんに改めて感謝を申し上げる。

最後に、バザールカフェに来たことがない読者の方には、本書を読んでいただくことによって初めて訪れた際に感じるであろう「わからなさ」「得体の知れなさ」の醍醐味が薄れはしないだろうかという懸念が少なからずあった。それを確かめに、ぜひバザールに足を運んでくださるととても嬉しい。

本書で書くことができたのは、バザールカフェが大切にしていることの一部にすぎない。それぞれの人にとって、バザールで得たもの、価値、感じ方は異なっているはずだ。だからこそ限られた人の筆によってバザールカフェのことを書くことには、本当に大きな葛藤と、抵抗感や不安があった。書き終わったあとも、こうした気持ちを忘れずにいたい。今後も出会う「ばらばら」な人たち一人ひとりに敬意をもって、相手との違いを大切にしたいと思う。

狭間明日実

## クラウドファンディングなどで
## ご支援いただいた皆さま（敬称略）

木村良己・木村葉子
ヘアマンセン
森田眞子
村田星也
中村吉基
京家連 ヤスダ
竹内幸絵
市瀬晶子
ヤノリア
松本理沙
藤田晃久
安東医院
藤井由起子
来住知美
養父（曽根）良枝
工藤悠世
竹花惇・春佳・凪
鈴木雅子
tawaki
木原琴
田島望
田島千里
うめきち☆はるな
新井敦子・直哉
不破聖子
野村脩
橘アキ
mariko.yana
引土絵未
雑賀未紀
ウエダマリ
櫻井政子
坂倉吏江
上田桜子
山﨑万裕子
宮脇温子
渋谷やみぃ
えりこ
佐藤寛子
富田正樹
高林洋臣
佐々木信子
Kyoko Hamamoto
ウラモス
岸佑太
epoc 小倉千裕
吉岡純子
吉岡駿太朗
平本毅
島原登志郎
福正大輔
都鍾宇
はらふみあき
山口彩佳
ゆいど
玉木千里
高橋典史
山王訪問看護ステーション
安岡綾
栗原宏介
ますお
TAK
てるきんぐ
工藤尚子
鯨海亭三酔
太田高貴
清水裕明
南谷夢
Dyson
佐藤哲彦
赤澤清孝
林純子
鈴木良
風間勇助
南雲 明彦
小西秀和
織田雪江
さとしん
関西セミナーハウス 有志
佐野淳也
馬場聖史
BRDG
宇山世理子
たいち
北山紗恵子
しょこたん
山本美穂
南大路文子
大田雅之
井上史子
下村泰子
平田義
日向幸太郎
岡田記一
曽我高明
橋本祐樹
きたがわみさと
小池知子
笑子
加藤公子
江別市 田中
玉川千雅子
新山隆司
JAYA
タナカユウヤ
毛利真弓
織田佳晃
賢蔵
狭間信子
ちょんちゅな
ヒロ
橋川健祐
松浦ひろえ
宮城崇史
山岡万里子
武田知記
のりちゃん
李善恵
武田丈
中道基夫
土井健司
今井牧夫
柴田学
萩原三義
入江泰
中井秀司
中村恭子
桑平とみ子
井川恵美子
店頭カンパ箱
Global Ministries of the United Church of Christ and Christian Church (Disciples of Christ)

匿名 33 名

## バザールカフェの紹介

最後まで読んでくださりありがとうございます。
このページは、バザールカフェの情報をお伝えするためのページです。
「素敵だな」と感じてくださった方、ご飯やお茶に来てみてください。
「もっと知りたい」と思ってくださった方、ホームページやSNSにアクセスしたり、
ブックリストにある本を読んでみてください。
バザールカフェが、あなたの居場所ともなりますように。

SNS

公式ウェブサイト：https://www.bazaarcafe.org
Instagram：@ kyoto.bazaarcafe
Facebook：https://m.facebook.com/kyotobazaarcafe/

営業時間

毎週水～土曜日　11：30 ～ 16：00　（L.O. 15：30）

＊詳しいスケジュールは毎月発行のカレンダーをご覧ください。
（ウェブサイトやInstagramにも掲載しています）
＊貸切やイベント等もご相談ください。

メニュー

**日替わりランチ**
日替わりの料理を提供しています。
たとえば、カオマンガイ（タイ）、アドボ（フィリピン）、カオソーイ（タイ）、ビビンバ（韓国）、ピカデイロ（フィリピン）、タコライス（沖縄）、ストロゴノフィー（ブラジル）etc.

**定番メニュー**
ロコモコ、ココナッツエビカレー、チキンサンド、
フムスとチャパティ（ヴィーガン）

**ドリンク・デザート**
バザールオリジナルブレンドコーヒー、ティーソーダ、
クレイジーチョコレートケーキ etc.

お問い合わせ・アクセス

〒602-0032　京都府京都市上京区岡松町258
tel (fax)：075-411-2379
e-mail：kyoto.bazaarcafe@gmail.com

＊駐車場はございません。（周辺にコインパーキングがあります）
自転車、バイクは敷地内に駐輪できます。
＊京都駅（JR線乗換駅）や烏丸駅（阪急線乗換駅）からは京都市営地下鉄が便利です。
＊市営地下鉄烏丸線　今出川駅4番出口から徒歩約3分。
＊大阪方面から京阪線でお越しの場合は出町柳駅から徒歩約20分、
あるいはバスをご利用ください。

お支えください

**お客さんとして支える：** ごはんを食べてお支えください。

**ボランティアとして支える：**
お皿を洗ったり、お庭の手入れをしたり、文字やイラストを描いたり、イベントを企画運営したり、いろいろな関わり方でお支えください。

**寄付をして支える：**
継続的な寄付の仕組みとして、賛助会員（年間 6000 円）、マンスリーサポーターがあります。単発の寄付も随時受け付けています。
また、「サンガイ飯券」はバザールを利用する誰かを支える小さな寄付です（800 円または 400 円）。よろしくお願いします。

＊郵便振込による寄付
　口　座：00980-9-143649
　加入名者：バザールカフェ

＊クレジットカードによる寄付（公益財団法人 信頼資本財団「共感助成」）
　2025 年 2 月までです。
　「共感助成」によりクレジットカードでご寄付いただくと、税制優遇を受けられます。
　https://shinrai.or.jp/donation/grant-list/fund_projects-649/

バザールをもっと知るためのブック・記事リスト


○山納洋（2016）『つながるカフェ　コミュニティの〈場〉をつくる方法』学芸出版社、99-111 頁
○竹内厚（2016）『美しい建築の写真集 喫茶編』パイインターナショナル、94-97 頁
○川江友二（2018）「これからの『せい』の話をしよう――生なる、性なる、省なるかな」『福音と世界』新教出版社、30-36 頁（特集：クィア神学とは何か）
○松浦千恵（2018）「癒しの共同体『バザールカフェ』」『福音と世界』新教出版社、24-29 頁
○榎本てる子（2019）『愛し、愛される中で―出会いを生きる神学』日本キリスト教団出版局
○榎本てる子（2019）『愛の余韻―榎本てる子命の仕事』いのちのことば社
○白波瀬達也（2020）「キリスト教と市民活動が交わるコミュニティ」『越境する宗教史（上巻）』、リトン、449-474 頁
○社会貢献表彰 1 個人 1 団体「京都ヒューマン賞」『読売新聞』、2023 年 6 月 13 日
○本田貴信「京都・上京のカフェで売れ続ける「善意のランチ券」「助かりました」命つないだ人も」『京都新聞』電子版、2023 年 8 月 12 日、https://www.kyoto-np.co.jp/articles/-/1082967
○【京都市公式】きょうと動画情報館 (City of Kyoto)「上京区『Motto( もっと ) しっとこ、魅 ( み ) んなのなかま』(バザールカフェ)」、YouTube、https://youtu.be/ZqQYRoRHgAQ?si=AD4qHWSPxexHtDo6

## 著者略歴

**狭間 明日実（はざま　あすみ）**
9 年間バザールカフェ事務局に従事したのち 2024 年からボランティアとして関わる。傍らで、食べることや地域の暮らしにまつわる仕事や遊びをしている。同志社大学在学中の実習を機にバザールカフェに関わるようになった。

**佐々木 結（ささき　ひとし）**
バザールカフェ活動委員。大学 2 回生だった 2017 年、先輩に誘われてボランティアを始める。現在は同志社大学神学研究科大学院生。専門は近現代日本キリスト教史。バザールカフェがきっかけで社会福祉にも関心を持ち始めた。

**松浦 千恵（まつうら　ちえ）**
ソーシャルワーカー（社会福祉士・精神保健福祉士）。2004 年頃よりバザールカフェに関わるようになり、現在は事務局スタッフ。依存症専門の精神科クリニックとバザールカフェで主に依存症の方々に関わっている。地域と医療機関の両方で依存症支援のあり方について考え中。

**野村 裕美（のむら　ゆみ）**
同志社大学社会学部教授。医療ソーシャルワーカーをしていた 1996 年に HIV 陽性者支援を通してバザールカフェの設立メンバーと出会った。バザールカフェでの取り組みを「ケア・カフェを用いた多職種連携教育（IPE）の取り組み　－地域包括型 HIV 陽性者と薬物使用からの回復支援プログラムの一環として」『医療と福祉』No.99Vol.49-No.2（2016）にまとめた。

**マーサ メンセンディーク**
同志社大学社会学部准教授。専門は多文化社会福祉、移住者･外国籍住民の支援。宣教師でもあり、日米の教会の協力活動に従事。バザールカフェの設立から関わり、現在は活動委員と代表を務めている。

**白波瀬 達也（しらはせ　たつや）**
関西学院大学人間福祉学部教授。専門は社会学。主にホームレス問題や貧困問題の調査・研究に従事。2016 年に大学の共同研究プロジェクトをきっかけにバザールカフェに関わるようになった。主著に『宗教の社会貢献を問い直す　－ホームレス支援の現場から』『貧困と地域　－あいりん地区から見る高齢化と孤立死』など。

# バザールカフェ　ばらばらだけど共に生きる場をつくる

2024年7月25日　第1版第1刷発行

著　者　狭間明日実・佐々木結・松浦千恵・
野村裕美・マーサ メンセンディーク・白波瀬達也

発行者　井口夏実
発行所　株式会社 学芸出版社
〒600－8216　京都市下京区木津屋橋通西洞院東入
電話 075－343－0811
http://www.gakugei-pub.jp/
info@gakugei-pub.jp
編集担当　岩切江津子・岩崎健一郎・安井葉日花

装丁・デザイン　美馬智
カバーイラスト　なぎねす

印刷・製本　シナノパブリッシングプレス


Printed in Japan　ISBN 978－4－7615－2897－3

# 関連書籍

## つながるカフェ
コミュニティの〈場〉をつくる方法

山納洋 著

四六判・184 頁・本体 1800 円+税

事例で読み解く、人が成長する「場」、他者とつながる「場」、創発を生む「場」としてのカフェを成立させるための機微と方法論。

## コミュニティカフェ
まちの居場所のつくり方、続け方

齋藤保 著

四六判・232 頁・本体 2000 円+税

まちの居場所・交流の場として 2000 カ所をこえて広がるコミュニティカフェの魅力と、開設時、継続時の具体的ノウハウを第一人者が解説。

## 社会的処方
孤立という病を地域のつながりで治す方法

西智弘 編著

四六判・224 頁・本体 2000 円+税

医療をめぐる諸問題の最上流には「社会的孤立」がある。薬ではなく地域での人のつながりを処方する「社会的処方」の取組を紹介。

## みんなの社会的処方
人のつながりで元気になれる地域をつくる

西智弘 編著

四六判・256 頁・本体 2000 円+税

薬ではなく地域の人のつながりを処方する社会的処方。世界と日本の取組に学ぶ、暮らしているだけで元気になれるまちのつくりかた。

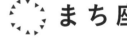